# 『歎異抄』が問いかけるもの

シュタイナーの視点から

塚田幸三
TSUKADA Kozo

イザラ書房

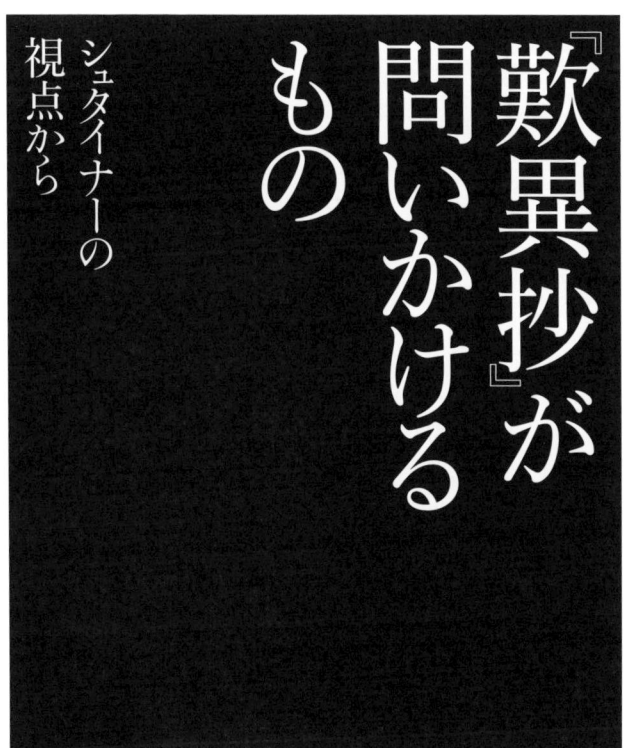

# まえがき

『歎異抄』は日本人の心ないし精神史に非常に大きな影響を及ぼしてきたと思われます。広く親しまれてきたというだけでなく、多くの人々の精神的支柱になってきたものと思われます。西田幾多郎（一八七〇〜一九四五）はその最晩年に東京・横浜が空襲にさらされたとき、「一切焼け失せても臨済録と歎異抄とが残ればよい」と語ったといいます。[1] 鈴木大拙（一八七〇〜一九六六）もまた『歎異抄』の重要性について、「親鸞宗の本領は、『教行信証』にあるのではなくてその『消息集』、その和讃、ことにその『歎異鈔』にある」と述べています。[2]

さらに『歎異抄』はさまざまな外国語に翻訳され、世界的にもっとも広く読まれている仏教書の一つだとも言われます。『歎異抄』が現代人の心をそれほどまでに惹きつける理由はどこにあるのでしょうか。

もちろんそれは『歎異抄』が現代人の意識的・無意識的な要求に応える何かをもっているからに違いありません。ということは、逆に言えば、『歎異抄』を読めば現代人の要求や課題がわかるということでもあります。私たちは自分が抱えている問題を解決する手がかりを求めて『歎異抄』を開きます。しかし私たちはそもそも何が問題なのかを正確に、あるいは深く理解していないことが多いのではないでしょうか。『歎異抄』は読者にまず問題の所在を明らかにしてくれるように思われます。

多くの人が関心をもつということは、『歎異抄』が私たちの誰もが抱えているような問題の核心に触れているからでしょう。『歎異抄』を読むとき、私たちは国籍や職業や社会的地位などということも、頭がよいとか悪いとかいったことも一切忘れているのではないでしょうか。だからこそ、世界中で広く読まれるのでしょうし、そもそも宗教とは人間のそのような根本的な在り方において成り立つものと思われます。

さらにもう一つ、『歎異抄』が世界的に読まれる理由として、仏教の中でも親鸞の教えがキリスト教、特にプロテスタントの教えにもっとも近いと考えられていることが挙げられるでしょう。例えば、カール・バルト（一八八六〜一九六八）もそのように考えていました。◆3

『歎異抄』は読者が多いだけではありません。解説書の類も非常に多く、いまなお増え続けています。そのような本を見ますと「私の『歎異抄』」といった表題が目につきます。著者は一人になって、それぞれの「私の『歎異抄』」に取り組んでいるのです。それが多くの本が生まれる一つの大きな理由だと思われます。

もちろん、『歎異抄』でなくても、私たちは一人になって本を読みます。しかし、例えば、親鸞（一一七三～一二六二）の教えを唯円が『歎異抄』として書き残したように、同時代の道元（一二〇〇～一二五三）の教えを弟子の懐弉《えじょう》が書きとめた『正法眼蔵随聞記《しょうぼうげんぞうずいもんき》』については、「私の『正法眼蔵随聞記』」といった表題の解説書は少ないのではないでしょうか。

ここで道元を取り上げたのには理由があります。それは、二人が鎌倉新仏教を代表する人物というだけでなく、親鸞の「一人」と道元の「自己」はほとんど同じものを指していると思われるからです。それなのに、『歎異抄』に対しては「私の」というアプローチが可能であり、『正法眼蔵随聞記』に対してはそれが難しいとすれば、それはいったいどうしてでしょうか。

その一つの理由は、親鸞が在家の一般庶民に語りかけているのに対して、道元は出家した修行僧を念頭に置いているためだと思われます。親鸞の場合は教義も修行もできるだけ削ぎ落として、念仏だけに集約します。人々はいきなり一人になって念仏を称えます。道元の場合は出家僧に対して、生活全般にわたる伝統に則した厳しい修行を要求します。修行僧は伝統的な型に支えられて「自己」と向き合います。

親鸞あるいは『歎異抄』の魅力の一つは、私たちがいまのこのままの状態で、特にこれといった準備や修行をすることもなく、いきなり一人になれることだと思われます。一定の作法に則って座禅を組むわけでもありません。その意味では確かに易行道に違いありません。しかし、逆にそれが、いきなり一人になるということが、親鸞の道の難しさでもあると思われます。そして、その難しさこそ、現代の私たちが直面する問題でもあり、『歎異抄』が読まれる一つの大きな理由でもあると思われるのです。

†

本書もまた一つの「私の『歎異抄』」です。その意図はルドルフ・シュタイナー（一八六一～一九二五）の世界観と照らし合わせることによって、いま述べたような『歎異抄』の現代性や『歎異抄』に現れた現代の時代性を明らかにすることにあります。

ルドルフ・シュタイナーといえば日本では特にシュタイナー教育で知られていますが、シュタイナーは時代性ということ、時代の課題ないし要請ということを非常に重視します。そして、今日の私たちの課題の一つに「キリスト教と仏教の融合」があり「自己意識的自我」の開発がある、というのがシュタイナーの理解です。シュタイナーの「自己意識的自我」と親鸞の「一人」や道元の「自己」との間には相通じるものがあると思われます。

シュタイナーの「自己意識的自我」の発達と深く結びついているのが、近代の実存思想（意識）であり、それに伴うニヒリズムという現象だと思われます。それに対して、親鸞や道元の場合は、あるいは仏教はそもそも最初から実存とニヒリズム（無常観）を契機として人の道を追求してきたと言うことができるのではないでしょうか。つまり、シュタイナーが説く「自己意識的自我」の開発という今日的課題に親鸞や道元は先取りして取り組んできたのであり、そこに今日の西洋の人々が親鸞や禅の思想に関心を寄せる根本的な理由があるのではないかと思われるのです。

他方、日本人は明治以来、西洋の思想の洗礼を受け、その流れの中で、いわば輸入された実存とニヒリズムの問題に直面してきたと言えるでしょう。このこともまた、『歎異抄』が特に明治以降今日に至るまで多くの日本人の心を惹きつけてきたことと関連があるのかもしれません。

†

『歎異抄』の読者の中には、シュタイナーの思想は神秘主義的であり、現代の科学的世界観にそぐわないと考える方もおられることでしょう。そのような方は『歎異抄』も科学的世界観に基づいて理解されているはずです。しかし、『歎異抄』の世界は不思議な物語ないし神話を前提として成り立っています。その第一条は「弥陀の誓願不思議にたすけられまゐらせて」と始まりますが、まさしく不思議な「阿弥陀仏の誓願」の物語を事実として信じることは難しいでしょう。だからといって、『歎異抄』を唯物論的科学的に捉えようとするとどうしても無理が生じ破綻せざるを得ないと思われます。

『歎異抄』の魅力の理由を探ろうとしますとその不思議な物語を避けて通るわけにはいきません。しかしこれは現代の私たちにとってたいへんな難問です。ところが、この『歎異抄』の困難さとシュタイナーの困難さには共通点があるように見えます。換言すれば、『歎異抄』の世界観とシュタイナーの世界観には呼応し合うものがあるように見えます。さらにシュタイナーは近代の科学的思考を十分に理解した上で、それを単に否定するのではなくかえって拡充するために、超感覚的世界ないし霊的世界について語ります。彼の苦心の一つは、超感覚的な、現代の言葉で表すことが難しい認識を現代人に理解できるように説明することでした。

このように、『歎異抄』とシュタイナーの思想に共通点があり、シュタイナーが現代人に理解できるように語ることに苦心したとしますと、シュタイナーの説明に耳を傾けることによって『歎異抄』の物語の意味が明らかになったとしても不思議ではありません。本書の第一の狙いはこの点にあります。また他方では、シュタイナーの思想は西洋の文化を背景にしていますから、それを日本の文化の中で育った人が理解するには、鈴木大拙が「日本的霊性」の覚醒と呼んだ親鸞の思想を述べた『歎異抄』との比較が役立つ可能性があります。その可能性の追求が本書の第二の狙いです。

シュタイナーが強調する時代の要請という観点には親鸞の二種法身《ほっしん》の立場に通じるものがあると思われます。二種法身については第四章で取り上げますが、それは阿弥陀仏には法性《ほっしょう》法身と方便法身という二つの側面があるという考え方です。法性法身は時空を超越した無相《むそう》の仏であり、それが時空間に現れたのが有相《うそう》の方便法身です。親鸞は無相の法性法身ではなく、有相の方便法身を本尊としました。それは無相の仏は有相の仏によって初めて人間が知ることのできる存在になるのであり、無相の仏と有相の仏との間には「一にして同じからず、二にして異ならず」という関係が成立しているからです。

この「一にして同じからず、二にして異ならず」という関係は、時代を超えた普遍的真理と時代の要請との間にも成り立つと考えられます。普遍的真理としての無相の真理が歴史の中に現れたものが有相の時代的要請であり、時代の要請を重視する立場は方便法身を本尊とする親鸞の立場に通じるものがあると思われるのです。

時代の要請を重視するということは歴史的観点に立つということです。それに対して、普遍的真理の立場に立つと歴史的現実は二次的なものになります。仏教は親鸞において初めて具体的歴史的立場が開かれたとして、西田幾多郎は禅以上に親鸞の思想を高く評価し、真宗に期待を寄せていました。

親鸞の思想が歴史的ということの具体的現れは、法然から受け継いだ在家仏教という形式の上に、往相廻向《おうそうえこう》と還相廻向《げんそうえこう》の二種の廻向を説いてこの世の生活を肯定したところに見て取れます。妙好人《みょうこうにん》の出現という稀有な現象もそのような親鸞の思想の威力を示しているように思われます。

†

本書では、ルドルフ・シュタイナーの思想と照らし合わせながら、時代の要請という観点から『歎異抄』の今日的な魅力と重要性を明らかにしてみたいと思います。例えば、『歎異抄』には「親鸞一人《いちにん》がため」という有名な一節があります。これまで多くの人を悩ませてきた言葉の一つです。シュタイナーの立場からすれば、この「一人」は近代人が求められている「自己意識」の極致を示すものと考えられます。

実は、そのような理解は特に新しいものでも珍しいものでもなく、西田幾多郎や鈴木大拙の理解と大きく異なることはないと思われます。しかし、人間の「自己意識」に関する歴史性、時代的要請という観点は西田や大拙においては強調されていません。シュタイナーの世界観と照らし合わせると、「親鸞一人がため」の現代的重要性が一層明確になるように思われます。

もう一つ、「悪人正機」の問題を取り上げてみましょう。「悪人」についてもさまざまな解釈がなされてきました。しかしシュタイナーの立場からすれば、「悪人」とは「自己意識」でなければならないと思われます。それは単なる社会的な規範や通念に基づく悪や罪の意識ではなく、個の意識に基づく悪や罪の意識です。「一人」があって初めて「悪人」が成り立つのです。

西田は、「一人」は真宗の核心であるだけでなく実に宗教一般の要諦だと述べています。シュタイナーの立場はこれを強く支持するものだと思います。しかし、シュタイナーの立場は単にそれだけに止まりません。シュタイナーの世界観によれば、宗教（宗教意識）は人類の歴史の一時期に限定された現象であって、あるとき現れ変遷をとげやがて消えていくものとされています。そのような観点に立てば、『歎異抄』に関してもなおさらその時代性、今日的重要性が問題になってきます。

†

大拙は日本的霊性という観点から、鎌倉新仏教を、中でも禅と浄土系思想を、特に親鸞の真宗を高く評価しました。[4] 西田もまた最後の論文「場所的論理と宗教的世界観」で「宗教は心霊上の事実である」と述べ、初期の『善の研究』の「宗教」にも「心霊的経験」という表現が見られます。大拙と西田そしてシュタイナーの立場はともに霊性の立場と呼ぶことができるでしょう。それは近代の唯物論的科学的立場とは異なります。『歎異抄』の今日的重要性は、近代の唯物論的科学的立場ではなく、この霊性の立場によって初めて的確に捉える可能性が開かれるものと思われます。

西田のいう「現実即絶対」としての現実や歴史も唯物論的科学的な現実や歴史ではないでしょう。「宗教的真理」こそが現実であり、大拙の「霊性」はその現実を表現しようとしたものと言えるでしょう。従来の仏教が出離的で、真に現実的でなかったということは、物質的感覚的現象界を否定しそこを離れようとする傾向が強く、「否定即肯定」「現実即絶対」としての現実を十分尊重せず疎かにしてきたということでしょう。

そのような捉え方からすれば、大拙の「霊性」はなお出離的だと思われます。それに対してシュタイナーの精神科学（霊学）はまさしく「現実即絶対」の立場に立脚するものです。西田が述べているように、親鸞の仏教には「現実即絶対」という認識に立脚した「絶対の否定即肯定なるもの」があるとすれば、シュタイナーの思想と照らし合わせることによって、その重要性をより明確にすることができると思われます。

上田義文（一九〇四〜一九九三）は、一般の大乗仏教が絶対者（覚者）の立場に立っているのに対して、親鸞は相対者（凡夫）の立場に立っていると述べています。[5] しかしながら、これは親鸞が絶対者（覚者）の立場に至っていないということではありません。親鸞の主著『教行信証』のなかの「教」「行」「証」の三巻には如来の側のことが、「信」巻には人間の側のことが述べられているというのが上田の理解です。[6]

その場合、自覚的に相対者（凡夫）の立場に立つためには絶対者（覚者）の立場にも立つことができなければならず、また凡夫と覚者という相対性を超えた立場に立つのでなければ、凡夫の立場にしても覚者の立場にしてもそこに自覚的に立つことはできないと思われます。

『歎異抄』についてもその解釈が難しい一つの根本的な理由は、語り手が凡夫の立場と覚者の立場を自在に往き来しているためではないでしょうか。もっともこれは親鸞に限らずいわゆる覚者に広く言えることで、シュタイナーにも該当するはずです。そのようにしなければ表すことのできない内容が語られているのだと思われます。

†

親鸞の思想の核心として「一人」「摂《せっ》取《しゅ》不《ふ》捨《しゃ》」「罪業《ざいごう》の悪人」などが挙げられてきました。これらの三つの概念には互いに密接な関係がありますが、そのうちもっとも本質的なものが「一人」である一方、親鸞の思想の特徴は「罪業の悪人」に表れていると思われます。「一人」がより本質的であるということは、それが例えば禅の「自己」とも通じる概念であり、真宗独自のものとは言えないことを意味します。それはまた「罪業の悪人」は「一人」の上に成り立つものであること、「一人」があって初めて「罪業の悪人」が可能になることも意味しています。

言い換えれば、親鸞の思想の特徴は確かに「罪業の悪人」にありますが、宗教としての真宗の核心は「一人」にあると考えられます。また、シュタイナーの思想と照らし合わせますと、親鸞の思想の今日的重要性は「一人」にあるのであって「罪業の悪人」にあるのではないと考えられます。つまり、親鸞の思想の現代における重要性はその独自性にあるのではなく、その普遍性にあると考えられます。その普遍性は仏教を超えてキリスト教など他の宗教にも及ぶものであり、『歎異抄』が日本に限らず世界的に読まれているという理由もそこにあるものと思われます。

†

新たな思想の誕生とは火山の噴火のようなものではないかと思われます。鎌倉時代にはそのような思想的噴火が集中して起き、その一つである親鸞の思想の衝撃は約八百年を経た今日にも及んでいる、それが『歎異抄』がいまも広く読まれているということだと思われます。

確かに、親鸞の仏教を含む鎌倉新仏教が一気に鎌倉時代の仏教の中心になったということはないでしょうし、それ以前から旧仏教の質的転換が起こっていたということにも不思議はありません[◆7]。火山の噴火には地下のマグマの変化が先行するはずです。同じことは仏教やキリスト教の誕生にも当てはまるのではないかと思われます。

またシュタイナーによれば、思想は抑えがたい強い衝動としてある特定の人物を通じて生まれます。そのような理解に従えば、親鸞が襲われた衝動には従来の浄土教の伝統を打ち破るほどのものがあったのであり、その新たな衝動がいまも私たちの精神生活に訴えかけているのだと思われます。

『歎異抄』の魅力は、そのような新たな衝動が逆説を交えた見事な文章で簡潔に表現されていることでしょう。伝統を打ち破る火山の噴火のような強烈な衝動は当然ながら逆説的表現をとりがちです。『歎異抄』に見られるいくつもの有名な逆説にも背後にはそのような強い衝動があるのだと思われます。

私たちが『歎異抄』に惹かれるということは、そこに説かれている論理や見事な表現以上に、その背後にある衝動に共振するのではないかと思われます。したがって、私たちがいま『歎異抄』を読むということは、『歎異抄』の衝動に共振ないし共鳴する私たち自身の精神ないし衝動を改めて確認することを意味するでしょう。それは要するに自分を知るということです。

また、ある時代に誕生した思想に現代の私たちが共鳴するということは歴史的・時間的な出来事です。自分を知るということはその時代性を知ることであり、『歎異抄』を読むということは現代に通じるその時代性を読み解くことでもあると思われます。

†

シュタイナーの仏教論は仏教を知るための導きにならないという見方があります◆[8]。その理由として、シュタイナーの仏教に関する知識は限られたもので、仏教がインドからアジアの諸地域に広まりさまざまな深まりを見せていったことなどがまったく視野に入っていないこと、またその背景としてシュタイナーの主たる関心はキリストという現象の人類史的な意味にあり、その他のことはすべてそのための道具立てにすぎないことが挙げられています。したがって、重要なのはシュタイナーが仏教を正しく理解していたかどうかではなく、どのように理解していたかであり、それを知ることによってシュタイナーの思想の核心的部分に入って行けることにこそ意味がある、というのです。

　これはシュタイナーを研究する立場から述べられたものとして、そこには豊富な知識と体験に裏打ちされたもっともな理由があるものと思われます。しかしながら、シュタイナーの世界観は私たちが今日『歎異抄』を読む上で非常に有益な示唆を与えてくれるように思われます。

それが単に筆者ひとりの思い込みではないことは、シュタイナーの影響を深く受けた作家、ミヒャエル・エンデが仏教、特に禅に高い関心を示したことからも窺えます◆[9]。禅仏教は親鸞の仏教とともに鎌倉新仏教を代表するものであり、両者には仏教史を画すほど重要な共通性があると思われます。そのことは西田や大拙といった禅に深く通じた傑出した人物が親鸞の仏教を深く理解し高く評価したことによっても明らかです。

ですから、その禅仏教と親鸞の仏教に共通するものや仏教史における鎌倉新仏教の意味が、また『歎異抄』が現代人の関心を呼ぶその理由が、シュタイナーの世界観や歴史観と照らし合わせることによってより鮮明になると思われるのです。

†

シュタイナーの人間観によれば、人間とは輪廻転生を繰り返しながら成長ないし進化を続けていくべき存在です。輪廻転生という点では仏教の教えと同じです。しかし、親鸞までの仏教は出離的であり、この世の歴史的現実は否定すべきもの、積極的な価値を有しないものでした。それに対して、「現実即絶対」であり「絶対の否定即肯定」ともいうべきシュタイナーの立場においては、この世は人が人生の課題に取り組むべき重要な過程であり、その人生の課題とは実にこの世に誕生する前に自らに課したものです。私たちが出会う現実や運命の背後には、すでにすっかり忘れていたとしても、自分の意志が働いているというのです。

　これは親鸞の往相廻向と還相廻向から成る二種の廻向の立場とは異なるように見えます。しかし、シュタイナーの人間観と照らし合わせると、二種の廻向のいわば重層的構造が明らかになり、それによって初めて親鸞の仏教が現実的であり歴史的であるということの意味がはっきりしてくるように思われます。

†

　『歎異抄』の作者である唯円の言葉と親鸞本人の言葉を区別すべきだという考え方があります。しかしながら、『歎異抄』の今日的意義を考えようとする本書においては、重要なのはあくまで思想の内容であり、それを述べたのは誰かということは二次的な問題です。したがって、『歎異抄』に親鸞の言葉として取り上げられているものがはたして間違いなく親鸞本人の発した言葉なのか、それとも唯円というフィルターを通して何らかの変形ないし脚色が施されているのかといった問題はここでは取り上げておりません。

　また、できるだけ読みやすくしようと努めたつもりですが、読みにくい点がいろいろ残っているかもしれません。それは第一に議論の内容自体の問題ですが、引用が多くなったことにもよると思います。ただ、章ごとにある程度独立していますので、どの章から読んでいただいても大きな支障はないはずです。まずはご関心の高いところからページを開いていただきたいと思います。

なお、引用文については、適宜、ふりがなを付し、旧字体の漢字は新字体に、旧仮名遣いは新仮名遣いに改めさせていただきました。また、敬称は基本的に略させていただきました。前もってご了解とご寛恕をお願いいたします。

「まえがき」の注

1◆竹村牧男『西田幾多郎と仏教―禅と真宗の根底を究める』58頁。

2◆鈴木大拙『日本的霊性』第二篇の二の4。

3◆滝沢克己『続・仏教とキリスト教』「浄土真宗とキリスト教（その一）―カール・バルトの脚注に寄せて」参照。

4◆鈴木大拙『日本的霊性』「緒言」。

5◆上田義文『親鸞の思想構造』202頁。

6◆同前、22頁。

7◆平雅行『親鸞とその時代』「専修念仏とその時代」参照。

8◆例えば、シュタイナー『人智学・神秘主義・仏教』、新田義之による編者「あとがき」参照。

9◆子安美知子『エンデと語る』、重松宗育『モモも禅を語る』参照。

# 序章 『歎異抄』と現代の課題

いま私たちが直面している時代的・歴史的課題とは何でしょうか。「まえがき」で述べましたように、『歎異抄』はその一つの答えを提示しているように思われます。

## 1 『歎異抄』の現代性

鈴木大拙は日本的霊性ということを述べましたが、日本的霊性は鎌倉時代に至って初めて覚醒したというのが大拙の理解です。[1]「霊性」とは何かといえば、それは「宗教意識」であり、「宗教意識は霊性の経験」であって、「霊性に目覚めることによって初めて宗教がわかる」のですが、「その霊性の覚醒は個人的経験」です。[2]大拙によれば、『万葉集』にはまだそのような霊性の覚醒ないし深刻な宗教意識は認められず、平安時代の「物語」や「歌集」に至ってもそこにみられる憂愁・無常・物のあわれなどというものは、なおいずれも淡いもので、人間の魂の奥から出るような叫びはどこにも聞こえず、霊性そのもののおののきは感じられません。[3]なおこの場合、霊性は「普遍性をもっていて、どこの民族に限られたというわけのものでない」のですが、「霊性の目覚めから、それが精神活動の諸事象の上に現われる様式には、各民族に相異するものがある、即ち日本的霊性なるものが話され得る」というのが大拙の立場です。[4]

上記の万葉集などについての大拙の理解に関連して、本多顕彰が述べている次のようなエピソードにはたいへん興味深いものがあります。先の大戦が始まったとき、ある雑誌が「あなたが出征するとして、ただ一冊の本を持って行くことを許されたら何を持って行きますか」というアンケートを行った際、回答の十中八、九は『万葉集』であり、わずかに本多と三木清だけが『歎異抄』と答えたというのです。[5]そのころは、「海行かば」がよく歌われ、その歌詞が収められた『万葉集』が大いにはやっていたそうです。戦意高揚のためとして、「海行かば　水《み》漬《ず》く屍《かばね》　山行かば　草生《む》す屍《かばね》　大君の辺《へ》にこそ死なめ　顧《かへり》みはせじ」と『万葉集』の歌が歌われたということと、『万葉集』にはまだ霊性の覚醒や深刻な宗教意識が見られないという先の大拙の指摘を照らし合わせると、考えさせられるものがあります。霊性あるいは宗教意識の覚醒が「個人的経験」であるなら、そのような意識の覚醒は国のために一身を捧げようとする気持ちの妨げになり、本多や三木のように『歎異抄』に目覚めた者はもはや万葉人のような素朴な心境で国のために自分を犠牲にすることはできないと思われます。他方、岩倉政治によれば、戦前のマルクス主義者の意外に多くが、獄中の仏教教誨のためもあって、親鸞の著作、特に『歎異抄』を読んでおり、『歎異抄』を中心とする親鸞の思想がいわゆる「転向」のきっかけになった場合が相当あるとのことです。[6]「転向」と親鸞の思想との関係、これは本書の範囲を超えていますが気になる問題ではあります。

なお大拙は「霊性」について、「極楽は霊性の世界で、娑婆は感覚と知性の世界である。ここに霊性と云うのは感覚や知性よりも次元を異にする主体なのである」「霊性の世界は法界と云ってもよい」「霊性と知性と感覚とは相連貫〔関〕して一系統をなし、渾然として分割不可能な形態を有する」「極楽の本当の見方は霊性からでなければならぬ」「弥陀の呼びかけを聞く主体は霊性でなくてはならぬ」「安心は霊性に属するものである」とも述べています。◆7

人間は感覚や知性の世界の住人であると同時に霊界の住人でもあり、宗教や極楽や安心は霊界に属す事柄だというのです。だとすれば宗教や霊性はすべての人の問題です。

西田幾多郎もまた最晩年の最後の完成論文で、「宗教的意識というのは、我々の生命の根本的事実として、学問、道徳の基でもなければならない。宗教心〔宗教的意識〕というのは、特殊の人の専有ではなくして、すべての人の心の底に潜むものでなければならない」と述べています。◆8 宗教心あるいは宗教の問題は、学問や道徳に先立って、つまり人間の知的活動にも、職業や社会的地位にも、社会の規範にも依らず、あらゆる人にかかわる根本的な問題だというのです。

『歎異抄』十二条には「一文不通《いちもんふつう》にして、経釈の往《ゆ》く路《じ》もしらざらんひとの、となへやすからんための名号におはしますゆゑに、易行《いぎょう》といふ」◆9とあり、真宗からは純粋無雑な信仰に達した妙好人《みょうこうにん》といわれる人々が輩出していますが、その多くは無学の人だといいます。[10] 禅宗の曹洞宗（日本）の開祖、道元もまた「上智下愚《じょうちかぐ》を論ぜず、利人鈍者《りじんどんじゃ》を簡《えらぶ》こと莫《なか》れ（坐禅するということにおいては、人間の利口・馬鹿・学問のあるなしは問題ではない）」と述べています。[11] それでも私たちは知的次元から離れることがなかなかできません。宗教意識や霊性の経験についても通常の知的次元で理解しようとしがちです。シュタイナーの思想の理解に関しても同じことが当てはまるでしょう。本書においてもこのことに注意しながら考察を進めなければなりません。

さて、先に挙げた西田幾多郎最晩年の「場所的論理と宗教的世界観」には次のような注目すべき記述があります。「我々の自己は絶対現在の自己限定として、真に歴史的世界創造的であるのである。その源泉を印度に発した仏教は、宗教的真理としては、深遠なるものがあるが、出離的たるを免れない。大乗仏教といえども、真に現実的に至らなかった。日本仏教においては、親鸞聖人の義なきを義とすとか、自然法爾《じねんほうに》とかいう所に、日本精神的に現実即絶対として、絶対の否定即肯定なるものがあると思うが、従来はそれが積極的に把握せられていない」[12]。竹村牧男は、西田と真宗との交渉には生涯にわたって想像以上に深いものあり、特に最晩年の最大の課題は真宗の教えの救いの論理を闡明《せんめい》することであったこと、西田の宗教哲学の根底は禅以上に真宗であったことを論じています。[13]

西田にとって、現実的とは歴史的ということであり、「時代精神」が重要でした。そして、今日の時代精神は、禅を含めて歴史的現実を離れた仏教諸派ではなく、「今日の科学的文化とも結合する」ことのできる親鸞聖人の悲願の他力宗を求めている、というのが西田の理解でした。◆14

シュタイナーもまた「抽象的に人間として生きようとするだけでなく、時代の中に、時代の進歩の中に生きること」「何かを絶対的のものととるのではなく、大きな歴史的関連の中に身を置くこと」が大切であり、「今日では絶対世界の中に身を置くのではなく、現在のこの地上生活に身を置いて、現代という時を意識的に感じとる必要がある」と述べています。◆15

ここで比較のために野間宏の親鸞の仏教に対する理解を取り上げてみますと、野間は鎌倉新仏教において「はじめて仏教本来のもっている全民衆、衆生、大衆の救済という目標をはっきり認め、それを高く掲げてそのまま実践する社会的実践の仏教が出現した」と述べています。◆16野間のいう「社会的実践」の仏教と西田のいう「現実的」な仏教は同じものでしょうか。大きな違いが一つあると思われます。それはいわば大拙のいう「霊性」の有無です。野間の場合は霊性に関する認識が欠けているように見えます。野間も確かに「二種の回向」を「浄土真宗の思想と実践の中軸を貫いているもの」として取り上げています。◆17「念仏によって浄土へこちらから往生する姿（往相《おうそう》）」と「浄土に往生して浄土からこちらへ、今の世界へ帰ってきて多くの人々に念仏を説き、仏になる道をあかす姿（還相《げんそう》）」という二つの廻向です。しかしながら、野間が「社会的実践」と言うとき、『歎異抄』第四条の「慈悲に聖道《しょうどう》・浄土のかはりめあり」ということが十分に踏まえられておらず、「おもふがごとくたすけとぐること、きはめてありがたし」といわれる単なる「聖道の慈悲」になっているのではないでしょうか。

さらにもう一つ、吉本隆明の解釈に触れておきますと、吉本は親鸞が曇鸞《どんらん》の『浄土論注』によって無常観を克服した透徹した生死の概念を自得していたと述べ、『浄土論注』の一節を次にように訳しています。[18]「あまたの生死を繰返して受けつぐゆえに、衆生と名づけようとするのは、いってみれば小乗の仏法者が云う、現世三界のなかでの衆生の名義であって、大乗の仏法者の云う衆生の名義ではない。大乗の仏法者の云う衆生とは、……すなわち不生不滅のこと（もの）を意味している。」こうして、衆生ないしその生死の問題は現世三界を超出したところに根拠が置かれたわけですが、実は西田はこのことを指してなお「出離的」と呼んだものと思われます。一方、吉本は、親鸞の「浄土和讃」（「大経意」）をみると、浄土の荘厳で調和的なすがたを描写した『大無量寿経』の箇所に親鸞がまったく関心を示していないことを指摘しています。[19]これは親鸞の仏教と「浄土は一刻もはやく現世を逃れて到達すべき荘厳《しょうごん》の地」であるとする浄土宗一般との違いをはっきり示すものですが、その場合、親鸞の仏教が無常観を克服した透徹した死生観に立脚するものであることが重要だと思われます。それが二種の廻向の立場であり、単なる一面的な現実主義とは違います。西田はそのような親鸞の仏教に、人間を「真に歴史的世界創造的」な存在として捉えた、真に「現実的」で「今日の科学的文化とも結合する」仏教の可能性を見たものと思われます。

先に挙げたシュタイナーの言葉は、西田が「現実的」な仏教に期待したものとほぼ同じものを求めています。西田の「出離的」はシュタイナーの「抽象的」に、また単に「絶対世界の中に身を置く」態度に当たるでしょう。「真に歴史的世界創造的」に生きるということは、「時代の中に、時代の進歩の中に生きること」「大きな歴史的関連の中に身を置くこと」「現在のこの地上生活に身を置いて、現代という時を意識的に感じとる」ことを意味するでしょう。ただし、シュタイナーの場合も、「抽象的」な世界や「絶対世界」が「現在のこの地上生活」と相容れないものというのではないはずです。「抽象的」なもの、「絶対的」なものこそ西田のいう「現実即絶対」として「真に現実的」であるという側面があることを忘れてはならないと思われます。あるいは、シュタイナーの立場は親鸞の二種の廻向の立場に当たるものと思われます。

さて、私たちは人間の精神は昔も今も、また将来も変わらないと思いがちです。時代劇を見たり、SF小説を読んだりするときにもそうです。しかし、すでに見たように大拙も西田もシュタイナーもそのような前提には立っていません。私たちの現実の少なくとも一つの側面はそれが歴史的現実であるということです。私たちが生きるということは歴史的時代を、時代精神を生きるということでなければなりません。それが現代の課題を問うことの意味であり、いまなお人々の心を打つ『歎異抄』の現代性に学ぶことの意味だと思われます。

それでは、現代の私たちが直面する歴史的課題とは何でしょうか。

## 2 現代の課題

### 科学的世界観と唯物論

西田幾多郎に師事した西谷啓治は、宗教と科学の対立が現代の人間における最も根底的な問題だと述べています。[20] 近代科学が古来の自然観を一変させ、それによってさまざまな無神論が発生し、一般的に宗教への無関心が醸成されたというのです。これは比較的一般的な捉え方だと思われます。

これに対してシュタイナーは、彼が創始した霊学は自然科学的思考方式の申し子であり、近代の自然科学を正しく受け継ぎ、外的世界の認識のために自然科学が行ってきたことを霊的世界の認識のために行おうとしているのだと述べています。[21]

西谷とシュタイナーの理解には一見根本的な違いがあるように見えます。シュタイナーの場合は、西谷のように宗教と科学が対立していると見るのではなく、問題は唯物論であり、科学を唯物論的要素から解放しなくてはならないと見ています。[22] さらに、唯物論は科学に止まらず、宗教や芸術や経済生活など人間の精神活動全般に影響を及ぼしているのであって、その結果が唯物論的科学であり、唯物論的イエス論であり、自然主義やその頂点としての印象主義であり、唯物史観だというのです。[23]

しかも、この唯物論は近代に至って初めて登場したものではなく、すでにエジプト文化が興った第三文化期（BC二九〇七～BC七四七）◇に見られたもので、それが今日の第五文化期（AD一四一三～三五七三）に再び現れているのだといいます。[24]

上に触れた唯物史観というのは、人間社会の発展の基本的な要因を物質的な生産力と生産関係とのダイナミックな相互関係によって捉えようとするもので、科学的社会主義とも呼ばれるマルクス主義の土台をなしています。[25] そして、その唯物史観ないしマルクス主義に重大な影響を及ぼしたのが進歩主義ですが、これはダーウィンの進化論によって発展をみたもので、一般に、自然科学の発展と結びついた近代に特徴的な思想と考えられています。それに対してシュタイナーは、利己的な快適さの追求が近代の人間の特性をなしており、それは人類の進化を妨害するものだと述べています。[26] シュタイナーもまた人間や人類の進化を説きますが、それは近代の物質的進歩や物質文明の発展とはまったく異なるものです。

ここで、シュタイナーが自ら創始した学問をGeisteswissenschaft（精神科学ないし霊学）と呼んでいることに注意を向けてみましょう。精神科学とは自然科学の方法で精神世界を探求する学問であり、[27]先にもシュタイナーが霊学は自然科学を正しく受け継ごうとするものだと述べて

◇このようにシュタイナーは時代区分を極めて具体的に、しかも過去のみならず将来の時代についても語っている。これは驚くべきことであるが、シュタイナーはアカシャ年代記（アカシック・レコード）なるものに依っており、そのことについて次のように述べている。「外的な感覚世界に属する事柄はすべて時間の支配下にある。そして時間の下に生じた事柄は、時間の手で破壊される。……けれども時間の中で生じる事柄はすべて、永遠の中にその起源をもっている。ただ永遠なるものが感覚的な知覚の手には及ばないだけにすぎない。しかし永遠なるものを知覚する道は万人の前に開かれているのである。……自分の認識能力を拡大した人は、過去の事柄を知るのにもはや外的な証拠に頼る必要がなくなる。その時には出来事の中に感覚的には知覚できぬ事柄、時間が破壊することのできぬ事柄が見えるようになる。過去の歴史から不滅の歴史へと、その人は進んでいく。勿論不滅の歴史は通常の歴史とは異なる文字で書かれている。グノーシスや神智学（この時点では、シュタイナーはまだ人智学運動を創始していない——引用者）はこの不滅の歴史を『アカシャ年代記』と呼んでいる。……従ってこのような記述は、霊界の存在を経験的に確信できずにいる霊界未参入者に対して、その著者が妄想家、或いはもっとひどい場合にはさぎ師であるかのような印象を与えてしまいかねない。……さまざまの霊界参入者が先史時代や有史時代について語る事柄は本質的な点では一致している筈である。……霊界参入者たちはあらゆる時代に、あらゆる場所で、本質的には同じ内容を伝授してきた。……本書が伝えようとする記録の出典については、今日のところまだ沈黙を守るべき義務を私は負っている。このような史料の存在について少しでも知っている人は、なぜ私が沈黙を守らざるをえないのか、理解してくれるであろう。」（『アカシャ年代記より』「まえがき」、傍点は原著者）

いること、また科学を唯物論的要素から解放しなくてはならないと見ていることに触れました。
それでは、精神科学が近代の自然科学から受け継ぐべきものとは何でしょうか。それは自然科学の成果そのものではありません。「自然科学の成果の探求の本質は、その成果のなかにあるのではなく、その成果をとおして精神のなかに見出さねばならないという見解を、私はニーチェを体験して、確固としたものにした」（傍点は原著者）とシュタイナーは述べています。[28]それは「客観的な科学的真理」のような「利己的でない、純粋な認識衝動」であり、[29]「合理的思考」だと考えられます。[30]ただし、合理的思考といっても、「単に抽象的に思考するなら、人間はいわば皮相化される」のであり、シュタイナーの主著の一つの『自由の哲学』のような本は単に論理を通して把握できる本ではなく、人間全体を通して理解しなければならない……。実際、『自由の哲学』で思考について述べられていることは、人間は本来、内的認識を通して、自分の骨格を内的に感じることを通して、思考を体験するということを知らなければ理解でき」ないという点に留意しなければならないでしょう。[31]
また、このような精神科学の方法だけが、今日において高次の認識に至る唯一の道ということではありません。シュタイナーは、『神秘学概論』で説明した道を「認識の道」と呼ぶなら、「感情の道」と呼びうる別の道もあると述べています。[32]ただし、「感情の道」を歩むには、孤独になること、現在の生活から隠遁することがほとんど不可欠であり、現代人が通常の生活をしている限り容易に達成できるものではないのに対して、「認識の道」は、どのような生活状況においても歩み通すことができるものだといいます。先に西田幾多郎が親鸞の真宗を現代の要求に応えるものと見ていたことに触れましたが、シュタイナーのいう「認識の道」と「感情の道」との区別は、鎌倉新仏教を代表する真宗と禅宗との違いを想起させます。

「認識の道」あるいは精神科学ないし人智学の特徴に関してシュタイナーは次のように述べています。

「宇宙全体から出発して、外なる感覚的＝物質的な諸現象と宇宙との関連を考察するのが神智学[◇]の考察方法ですが、人智学的な考察は、この感覚的＝物質的世界を生きる人間に眼を向けます。人間の感覚的＝物質的な側面を、感覚的存在である限りの人間を、先ず考察するのですが、そこから始めて次にエーテル体、更にアストラル体並びにそれと結びついた自我を考察していくのです。……物質的＝感覚的世界のことは、感覚によらなければ何も分かりません。[◆33]」

このシュタイナーの説明によって、先に挙げた、精神科学は近代自然科学を正しく受け継ぎ、外的世界の認識のために自然科学が行ってきたことを霊的世界の認識のために行おうとしているのであり、科学を唯物論的要素から解放しなくてはならない、というシュタイナーの言葉の主旨がかなり明確になったと思われます。

この節の冒頭で触れた無神論の台頭はニヒリズムと実存思想の問題に関連しています。西谷はこの近代のニヒリズムの超克を生涯の課題としたのでした。◆34 シュタイナーも上に触れたように実存主義の先駆者の一人とされるニーチェ（一八四四～一九〇〇年）を深く研究しています。そこで、ニヒリズムと実存思想にかかわる西谷とシュタイナーの理解を比較してみたいと思います。

**無神論・実存思想・ニヒリズムと自己意識的自我**

西谷は、少し長くなりますが、無神論の変遷についてほぼ次のように述べています。◆35

**【従来の無神論】** 近世以来、自然科学の世界観は無神論と結びついてきたが、その無神論は一般に科学的な合理主義の立場であり、唯物論であり、「進歩的」であった。それは、神的秩序のうちに成り立ち神的秩序に従う従来の理性の立場とは異なる人間理性の立場であり、世界が人間の理性によって支配され得るものとして現れてきたことを示している。そのような受動的・素材的となった世界と能動的・形成的となった人間理性との統一から、進歩の観念が生まれてきた。このように、従来の無神論は唯物論と科学的合理主義と進歩の観念という三つの契機の複合であったが、そこには人間の自由で自立的な主体としての自覚が現れていた。

**【現代の実存主義的無神論】**ところが、現代では、無神論はさらに一歩踏み込んでいる。第一には、物質的で機械論的な世界の無意味さを感じ、世界の根底に虚無が潜むことを意識し、第二には、その虚無が人間のうちで理性をも超えた主体の根底として自覚され、しかもその虚無に

◇神智学はH・P・ブラヴァツキー（一八三一～一八九一）が創始した神秘思想で、ブラヴァツキーはH・S・オルコット（一八三二～一九〇七）とともに一八七五年にニューヨークで神智学協会を設立した。その後一八七九年に本部はインドに移されている。シュタイナーは一九〇二年に神智学協会ドイツ支部事務総長に就任したが、クリシュナムルティ（一八九五～一九八六）を救世主とする「東方の星教団」の設立に反対して一九一二年にアントロポゾフィー（人智学）協会を設立した（以上、西川隆範『シュタイナー用語辞典』による）。オルコットは神智学協会会長として明治二十二年に来日している。そのとき神智学紹介の中心となったのが京都の仏教系の教育関係者であり、平井金三のほか西本願寺普通教校の教官や生徒たちが組織した「反省会」周辺の人々が含まれていた。そのときのオルコットの演説は『佛教四大演説集』（東洋堂、明治二十二年）として翻訳出版されたが、その共訳者の一人が徳永（後の清沢）満之であった（以上、吉永進一「神智学と日本の霊的思想（2）」および吉永進一・野崎晃市「平井金三と日本のユニテリアニズム」による）。また、ブラヴァツキーが『秘密蔵教義』（一八八八）に「神智学文献が英国に紹介されて以来、神智学の教義は秘密仏教と呼ばれるやうになった」と記しているように、神智学は「新仏教」として受け取られ、ブラヴァツキー自身、五戒を受けて正式に仏教徒になっている（シュタイナー『仏陀からキリストへ』の西川隆範による「訳者あとがき」参照）。

立脚することに於いてのみ主体性が可能になるとされる。これはいわば無神論の主体化であり、実存主義と結びついている。このような無神論は従前の無神論とは異なり、もはや進歩の観念を信じ、単純にオプティミスティックであることはできない。これが現代の実存主義としての無神論であり、その特徴は最も根底的な危機の意識、存在そのものと一つであるような苦悩、そして依るべき何ものもない所に於いて、しかもあくまで自主性を徹底しつつ自己自身であろうとし、そうすることによって人間存在の根底的危機を打開しようとする決意である。

**【ニーチェとサルトルの違い】** ニーチェ（一八四四〜一九〇〇）やサルトル（一九〇五〜一九八〇）もこのような実存主義的無神論の立場であるが、ニーチェの立場のほうがはるかに大きく深刻である。サルトルの実存主義は神ではなく人間をという人間の絶対肯定としてヒューマニズムという形をとるが、無神論は本来単に人間のみではなく存在全体にかかわる問題であり、世界そのものに対する見方の根本的転換をも意味するものでなければならない。無神論の主体化が真に徹底され、虚無が自己存在の「脱自性」の場という超越的な性格をもつに至り、そこから人間の自由な自立性が神への従属ということと徹底的に対決したのは、特にニーチェに於いて見られる事柄である。

**【ニーチェとキルケゴールの違い】** 同様の対決はキルケゴール（一八一三〜一八五五）に於いても見られたが、キルケゴールの場合は、実存主義（即ち主体性の強調）は、人間存在が神の救済という基礎の上に安立されるか、あるいはその基礎なしに、いわゆる「死に至る病」としての絶望のうちで、虚妄の存在に陥り、そこに虚無を現し、やがて永遠の破滅に帰すかという二者択一的な決断の場に人間を置くものであった。ニーチェとキルケゴールにあっては、実存主義は人間の主体性と神との対決という意味をもち、そこから無神論の方向と有神論の方向に分かれているが、キルケゴールに於いては、ニーチェがその思想的成長過程で科学の機械的世界観を煉火をくぐるように通過し、そこから科学の立場に表れている人間のあり方との対決に入っているのに対して、そのような事情は見られない。したがって、虚無というものも、自己存在の脱自性における深淵を意味するまでには至っていない。

唯物論という点に関しては、先に見ましたように西谷とシュタイナーとの間には理解の違いがありますが、近代の世界観の全体的な特徴という点に関しては、両者の理解は基本的に一致していると思われます。「実存主義」や「実存」という言葉は使う人によってさまざまなニュアンスを伴いますが、ここで西谷がいう「人間の自由な自立性」や「主体性」はシュタイナーの「自己意識」や「自己意識的自我」に近いものと思われます。西谷はさらに「元来、実存とかニヒリズムとかいうものは、むしろ自己が、観る自己と観られる自己として二つになるような観想的自己の立場を、徹底的に破るものである」とも述べています。[36] ここでは立ち入った検討はできませんが、このような観点もシュタイナーの「自己意識的自我」の観点と通じ合うものがあると思われます。ニーチェの重要性やニーチェとキルケゴールとの違いに関しても、西谷の議論は、シュタイナーがなぜキルケゴールに触れることがほとんどなかったのか、その理由の一端を明らかにしているように思われます。

しかしながら、無神論も実存思想もニヒリズムも、さらには科学の発達も、特にキリスト教にかかわる事柄ですから[37]、そのような西洋の精神史の世界史的意味、とりわけ東洋、特に日本人の精神史との関係が私たちにとっては重要になります。西谷は、「我々にとってのニヒリズムの意義」と題して次のように論じています[38]（傍点は原著者）。

「ニヒリズムは近代ヨーロッパにおける根元的且つ全面的な危機の自覚」であり、「数千年来ヨーロッパの歴史を支えてきた地盤、その文化や思想、倫理や宗教の根柢そのものに破綻が感ぜられて来たこと」を意味している。ニヒリズムは既に歴史的現実であるからこそ「自己を実験台としてそれを捉えるということが、今までの歴史の到り着くべき終わりを先取するということを意味し、歴史の底を突くということを意味した。否、それのみならず、歴史的現実の底で虚無に逢着するということは、虚無のうちからニイチェのいわゆる反対運動の生起する転機ともなった。虚無は死の虚無から生の虚無へ、『創造的な無』

（スティルナー）へ転ずることが出来た。」「そのような肯定的なニヒリズムが、ヨーロッパに於ける根源的な危機の自覚から、そしてその危機の根源的な超克という意図をもって、現われて来たのである。」

「併し、もし現在ニヒリズムといわれるものがそういうヨーロッパ的な歴史的現実であり、歴史的―実存的な立場であるとすれば、それは我々にとってどういう意味をもつものであるか。なるほど現在における我々の文化やものの考え方は、ヨーロッパ的になっている。」しかし、「我々におけるヨーロッパ文化の輸入は、ヨーロッパ精神の基盤となり形成力となって来たキリスト教の信仰や、ギリシア以来の倫理及び哲学にまでは及んでいない。そういうものは制度文物というような対象的なもの、乃至は対象的なものについての学問や技術と違って、主体の内面に直接に根差しているものであり、簡単に他所へ移され得るようなものではない。ヨーロッパの精神的基盤は我々の精神的基盤になっていない。ましてその基盤の震撼から生ずる危機というようなものも、我々自身の現実ではない。従ってそのニヒリズムが我々の現実となり得る可能性はない。」事実、ニイチェや実存哲学の流行には、単に「ひとごと」として、好奇の対象となるにすぎないという性格があった。

「然も問題を一層複雑にしていることは、現在の我々には、根元的な如何なる精神的基盤もないという事情である。」「過去に於ては仏教と儒教がそういう基盤であったが、それは既に力を失っている。我々の精神的根柢には、その意味で全くの空白があり真空がある。それは恐らく日本の歴史初（マヽ）まって以来、曾て起ったことのなかった現象である。」しかも「最も悪いことは、その空白が決して闘い取られた空白、『生き抜かれた』虚無ではなくして、伝統の断絶によって自然に発生した空虚だということである。」「政治史的に見れば、日本が明治維新以来、世界政治のうちに投げ出されたことは、国史上に起った最大の変化であったが、精神史的に見れば、その根柢に、国史上に起った最大の精神的危機があった。然もその危機が、危機という明確な自覚なしに通過されたのである。そして現在では、我々がその精神的空虚を自ら意識しないという事態のうちに、いわば自乗された危機が潜んでいるのである。そこから結局、ヨーロッパのニヒリズムというものも、客観的には我々にとって最も切実な問題となるべき筈でありながら、主体的には我々自身がそれを切実な問題となし得ない。……そういう逆説的な境位が現われているのである。」

このような状況のなかで、ヨーロッパのニヒリズムが我々に対してもつ第一の意義は、それが「我々に我々自身のうちなる虚無、然も我々の歴史的現実となっている虚無を自覚せしめる」ことにあり、第二の意義は「現在の我々の境位に根本的な転換を与え、それによって我々の精神的空洞を克服するための方向を開く」ことにある。

そして、その第三の意義は、現在の我々の底に潜む空虚の克服に対する具体的可能性を開くことにある。「そもそも我々日本人の精神的基盤に空虚が生じたのは、我々が自分自身を忘れて」、「ヨーロッパ人自身が既に……自分でも信じなくなっていた」西洋文化を無批判に受け取ったことにあるが、「しかし現在の我々は、明治の日本人とは根本的に違った、むしろ全く逆な境位にある。」それは先の敗戦のためだけではなく、「むしろ、ずっと以前から明治の人々がもっていた叡智やモラル・エナジーが喪失され、その代りそれと時期を同じくして、彼等が無邪気に信頼していた西洋文化の危機が、我々の眼にも顕著になって来たからである。」「ニヒリズムが教えることは、一方では、西洋文化の行手に——従ってまた我々の西洋化の行手に——立ちはだかっている危機をはっきり自覚し、『ヨーロッパの最上の人々』による危機の解剖、近代の超克への努力を我々自身の問題とすべきだということ」であり、他方では、「我々が、忘れられた我々自身へ再び復るべきだということ」、「東洋文化の伝統を再び顧みるべきだということ」である。「東洋文化の伝統、就中、仏教の『空』とか『無』とかの立場が新しく問題となるのである。」

実は、「ショーペンハウエルが仏教に深い関心を寄せた後を受けて、ニイチェもそのニヒリズム論に於ては絶えず仏教を問題にしている。しかし、恐らくショーペンハウエルの仏教観に基いた彼は、最後まで仏教、特に大乗仏教を理解しなかった。……彼は『無（意味なるもの）が永遠に』という最も極端なニヒリズムを、『仏教のヨーロッパ的形態』と呼び、ヨーロッパを訪れるべきニヒリズム的カタストローフを『第二の仏教』とも言っている。」ニーチェは「ヨーロッパに於けるニヒリズムの到来を仏教の再来」であり、「仏教は生と意志との完全なる否定ということに於て、彼のいう意味でのデカダンスの極まる所」と見なされたのである。

しかし、「そういうニヒリズム的な仏教観に於てではなく、ニヒリズムの超克としての運命愛とかディオニソスとかに於て、反って彼は一層仏教、特に大乗仏教に近付いた」のであり、「大乗仏教のうちには、ニヒリズムを超克したニヒリズムすらもが至らんとして未だ至り得ないような立場が含まれているのである。併しその立場も現在では歴史的現実に現われ得ず、過去の伝統のうちに埋もれている。それが取り出され現実化される道は、……我々のヨーロッパ化がその至りつく所を先取し、ヨーロッパのニヒリズムが我々の痛切な問題となることによってである。」

以上、西谷の引用がまたも長くなってしまいましたが、自身の思想的格闘に裏打ちされた説得力のある議論だと思います。「大乗仏教のうちには、ニヒリズムを超克したニヒリズムすらもが至らんとして未だ至り得ないような立場が含まれている」というのは、「自己を実験台として」ニヒリズムと格闘し、ついにそれを克服した西谷の大いなる発見でした。「自己を実験台」に「歴史の到り着くべき終わりを先取」して「歴史の底を突く」ということにおいて、西谷はニーチェを身近に感じていたことでしょう。

他方、シュタイナーもまたニーチェの重要性を西谷と同じように次のように理解していました。「ニーチェは……近世の世界観的発展の理念と衝動を、直接的な個人的運命として自らの内に体験するよう駆り立てられた。一方、ほかの者たちにあっては、自らが世界観のイメージを形成し、そうして形成されたものにその哲学的営為が注ぎ込まれた。ニーチェは、十九世紀の後半の世界観に対峙する。そして、この世界観が人間心魂の存在全体を覆い尽くすときに生みだすことのできるあらゆる至福と不幸を個人的に生き抜くことが、彼の運命となったのである。……ほかの者たちは哲学を思考するが、ニーチェは哲学を生きなければならなかった」◆39（傍点は原著者）。ニーチェは西谷のいう「ヨーロッパの最上の人々」を代表する人物であり、自己を実験台としてニヒリズムを捉え、今までの歴史の到り着くべき終わりを先取し、歴史の底を突いたのでした。

親鸞もまた自己を実験台として歴史を先取し、その底を突いた一人と言うことができるでしょう。野間もまた親鸞は「末法の世についての釈尊自身の予言をだれよりも深く受けとめ、……その終末そのものを自身の生存そのものとしようと」したのであり、妻帯の問題においても、妻帯を認めながら自身は最後まで戒律を守った法然に対して、「末法の時代において仏法はいかにその法を実現しうるかという問題の一つとしてそれを自身に引き受け、実践によってそれを解いていった」と指摘しています。◆40

なお、西谷の「ヨーロッパの最上の人々」にはシュティルナー（一八〇六～一八五六）も含まれており、『ニヒリズム増補版』の第五章「エゴイズムとしてのニヒリズム——スティルナー」で西谷は次のように述べています。「ニヒリズムの問題を最も深く掘り下げて行った人としては、先ずドストエフスキイとニイチェに指を屈しなければならない。しかし彼等に先立って、スティルナーの『唯一者とその所有』（一八四四年）に、未成熟ではあるが既にニヒリズムの骨格が認められるのである。殊《こと》にマッケイの努力によって（J.H.Mackay, M.Stirner, Sein Leben und Sein Werk, 1897）彼が再び思想の世界に蘇らされてからは、彼とニイチェとの間に色々な点で思想的な類似の存することが、ひとの注目を惹くに至った。その際、ニイチェがスティルナーの著作を読んでいなかったことはほぼ確実らしく……併しながら、二人の思想の基盤になっているものや思想の全体を貫く精神には、大きな相違があり、様々な部分的類似もその大きな相違を蔽うことは出来ない。」（130～131頁）

シュタイナーもまたシュティルナーを高く評価して次のように述べています。「近代の人類が生み出した最も自由な思想家、マックス・シュティルナーを思い出すことなしに、ニーチェの発展について語ることはできない。ニーチェが要求した超人に完璧に相当するこの思想家がわずかしか知られておらず、評価されていないのは悲しい事実である。彼はすでに一八四〇年代に、ニーチェと同じ世界観を語っていた。もちろん、ニーチェのようにはちきれんばかりの心の響きではないが、その代わり、クリスタルのように明瞭な思考で語っている。それに比べると、ニーチェの警句は、しばしば単なる口ごもりのように見える。ショーペンハウアーではなくマックス・シュティルナーを師としていたら、ニーチェはどんな道を辿ったであろうか。ニーチェの著作には、シュティルナーの影響はまったく見られない。ニーチェは自らの力で、ドイツ観念論からシュティルナーと同じ世界観に到達したのである[41]」。

さらにシュタイナーは三十二歳のときに出版した彼の主著の一つ『自由の哲学』(一八九四)について、西谷が言及しているマッケイに宛てた手紙(一八九三年十二月五日付)に、「本書の第一部はシュティルナーの人生観のための哲学的基礎工事を行おうとしております。『自由の哲学』の後半部で、私はそれまでの前提を倫理学的に首尾一貫させましたが、この部分は私の信じますところでは、『唯一者とその所有』の論述と完全に一致しております。また「自由の理念」の章の終わりでは、固体と社会との関係についても、近代自然科学からもシュティルナー哲学からもひとしく受け容れられる事柄を論じたつもりです」とも書いています[42]。

またシュタイナーは『哲学の謎』(一九一四)で、「われわれが今日シュティルナーに関する人生——人格像を手にすることができるのは、ジョン・ヘンリー・マッケイの努力のおかげである。彼はその著書『マックス・シュティルナー、その生涯と業績』……において、彼の見解では『最も大胆で最も首尾一貫した思想家』の性格描写の資料として、多年にわたる努力によって集められたものすべてを集成した」[43]と述べていますが、上記のシュタイナーのマッケイ宛の手紙と『自由の哲学』の出版も『ニーチェ――同時代への闘争者』の出版(一八九五)も、マッケイの著書が出版される一八九七年より何年も前であることは注目に値します。また、シュティルナーとニーチェとの関係について、いま引用したシュタイナーの理解と先に触れた西谷の理解(両者には思想の基盤や思想を貫く精神において大きな違いがあるという)との差が何によるのかということも気になりますが、シュティルナーについてはとりあえずこの程度にして、ニーチェの問題に戻ることにしたいと思います。

シュタイナーによれば、ニーチェはW・H・ロルフ(『生物学的諸問題ならびに合理的倫理学の発展の試み』の著者)の影響を受けてその進化思想に至りました。[44]このロルフは、ダーウィニズムに基づいて世界観と生命形成に関する広範な展望を開こうと努めたバートロイモス・カルネリ(一八二二〜一九〇九)の思想上の難点(人間もまた下位の諸存在から純粋な自然法則に従って漸進的に進化してきたのであり、一定の地点までは自然が生を導くが、自己意識が発生する地点に達すると人間が生まれ、それ以後は人間の幸福への衝動が進化の原動力となる。その際、幸福は完全に新たな要素として動物の自己保存衝動に基づいて形成されるのであって、後のものが先のものの中に既に予告されているということはないとする進化の観念が保持されている。しかし、ある生命形態が一定の段階に止まらず、さらに発展を続け、完成に至る理由は何か、とロルフは問う）を克服しようとして、単なる「生存闘争」ではなく「過剰な獲得のための闘い」という概念を導入したのでした。「生命の保存ではなく、生の増大が、生存のための闘いではなく、優先権のための闘いが、合言葉である。単なる生活に不可欠なもの、食物の獲得だけでは十分ではなく、たとえ富、権力、影響力とまではいかなくとも、それに加えて安楽な生活が獲得されねばならない。生活状態の不断の改善へ向けての探究、努力が、動物と人間に特徴的な衝動である」というのです。[45] このようなロルフの思索の影響を受けたニーチェの思想について、シュタイナーはその難点を次のように論じています。

このようなロルフの思索の成果はニーチェにおいては内的な体験、荘厳な認識の賛歌となる。ニーチェの心魂のうちに、これまで人間のうちに存在しなかったもの、超人がその存在の意味として誕生する。『ツァラトゥストラはかく語りき』（一八八四）には人間から超人を創造する至福感のなかで体験されるものが、詩的高揚感をともなって表現されている。このような自らを創造的なものと感じる認識は、人間の自我のなかに一回の人生では全うされ得ないものを感じとる。こうして、人間心魂の「永劫回帰」の理念が超人の理念のなかに入り込んでくる。ロルフの「生の増大」という観念は「権力への意志」という表象に発展する。これは、動物界と人間界のすべての存在に賦与される。未完の『権力への意志（あらゆる価値の転換）』は人間の意志のうちひとり権力への意志のみが至高の支配権をもっているという観点からあらゆる表象を改訂しようとしたものである。権力への意志はもはや「認識は真理であるか」とは問わず、「認識は生を維持し、増進させるものであるか」を問う。

ゲーテ（一七四九〜一八三二）においては近世の世界観の奥にある衝動が姿を現しており、ゲーテは自己意識的自我のなかで理念が生命を与えられるのを感じとり、それによって自らが世界存在の内部にあることを知ることができた。他方、ニーチェにおいては、人間を超えて人間を生かす衝動が存在している。ニーチェはさらに、内部において自らによって生みだされたもののなかに生の意味が現れなければならないと感じている。しかしながら、ニーチェは人間の内部に生の意味として人間を超えて生みだされるものに突き進んでいくわけではない。ニーチェは超人を荘厳に謳い上げるが、それを形成することはない。その創造的なありようを感じ取るが、それを観ることはない。永劫回帰を語るが、回帰するものを叙述することはない。権力への意志を通じた生の高まりについて語るが、高められた生の形態に関する叙述は見られない。知られざるもののなかに存在するはずのものについて語るが、知られざるものを指し示すに止まっている。自己意識的自我の内部に発展した諸力が人間本性の内で織りなし息づいていることをニーチェが何によって知るのか、なお判然としない。[46]

シュタイナーはまた「ニーチェは近代の自然観という鎖に繋がれていた」、そして「ニーチェの『永劫回帰』と『超人』の理念に、私は長いあいだ向き合っていた」が、それは「しっかりと構築された十九世紀末の自然観によって精神世界の把握を抑制された人間が、人類の進化と人間の本質について体験せざるをえなかったものが、それらの理念のなかに反映しているからである」とも述べています。[47] ニーチェは「精神的なものを認識できない今日の唯物論的科学の悲劇全体を体験した」[48]のであり、「ニーチェの活動の最終目標は、『超人』というタイプの描写」[49]に止まり、それを実際に生み出すことはなかったというのです。

他方、西谷は先に見たように、ニーチェと仏教との関係に触れ、ニーチェはヨーロッパのニヒリズムを仏教の再来と見なしたが、それは誤りであって、本来の大乗仏教には「ニヒリズムを超克したニヒリズムすらもが至らんとして未だ至り得ないような立場が含まれている」、また「ニヒリズムの超克としての運命愛とかディオニソスとかに於て、反って彼は一層仏教、特に大乗仏教に近付いた」と考えていました。

シュタイナーは、少なくとも今回参照した文献では、ニーチェを論じるとき、仏教には言及していません。それは何故なのか、ここではこれ以上検討する余裕はありませんが気になるところです。例えば、ニーチェの仏教観には根本的な誤解があるとしても、ニーチェが「ニヒリズムと関連して仏教を想起したということは、問題自身の正当な方向に沿うたものである」[50]という西谷の理解とシュタイナーの理解が一致するかどうか。西谷のいう「ニヒリズムの超克としての運命愛とかディオニソスとか」と大乗仏教との関係、「ニヒリズムを超克したニヒリズムすらもが至らんとして未だ至り得ないような〔大乗仏教の〕立場」とニーチェが単に描写するに止まったとされる「超人」の立場との関係、あるいは西谷のいう大乗仏教の「空」ないし「無」の立場と「大乗仏教といえども、真に現実的に至らなかった。日本仏教においては、親鸞聖人の義なきを義とすとか、自然法爾とかいう所に、日本精神的に現実即絶対として、絶対の否定即肯定なるものがあると思うが、従来はそれが積極的に把握せられていない」という先に触れた西田の理解との関係、等々。

### 思考としての信

野間は、『教行信証』の行巻と信巻の冒頭に登場する「大信」は「親鸞の確立した、聞《もん》信と区別された思《し》（思考）としての信」だと述べていますが[51]、これはシュタイナーの視点から親鸞に迫ろうとする本小論の試みにとって、極めて注目すべき指摘です。なぜなら、「思考」はシュタイナーの人間観において特別重要な位置を占めているからです[52]。

　野間の指摘の根拠は、信巻にある『涅槃経』からの引用、「信にまた二種あり。一つには聞《もん》より生ず、二つには思《し》より生ず」にあります。これを解説して野間は、「信には二つあって、その一つは、先輩あるいは仏法を説く者の言葉を耳で聞くことによって生まれる信心であり、もう一つは、自身が思い考える、つまり深く思考しつくしてもはや疑うことのできない真理がそこにおかれていることを認め、自分に納得し、それによってそこに生じる信心であり、この後者の信こそが真の信である、真の信心であると親鸞は考えているのである」と述べています[53]。

　野間はまた次のようにも述べています。「信というものは、ふつういわれている信仰の信というものとはまったく遠くへだたったものなのである。これを知ることがないならば、『教行信証』の信に到達することなど、まったく思いもよらぬということになってしまうだろう。まえに私は信は思考であるというところまですすみ、そこに足をとどめていたのであるが、いまや信は思考をふくみ、さらにそれを越える一切の思考の働きの創造であると考えなければならないところにきたようである[54]。」

　「信は人間主体の信」であり、「如来は単なる主体ではなく、主体をも包みこむ運動と時間と空間をその性質としてもつ宇宙全体であって、信はその宇宙全体としての仏の法（ダルマ）を見出し、至心《ししん》・信楽《しんぎょう》・欲生《よくしょう》の三心、それを一つに階層的に統一されている一心としての信によって受け入れ、そのダルマ（規範、のり）を自分のものとし、それに即して生きるという、その一心としての信が主体でなければならず、その主体の自己否定を時々刻々に徹底させることによって全体としての仏に重なる、つまり自己の全体化の成就、つまり成仏が可能である」が、「このような信についての追及は親鸞によってはじめて行なわれた」と野間は考えているのです[55]。

野間が注目した「思考としての信」は『歎異抄』の後序に出てくる「親鸞一人がため」の「一人」とも結びついていると思われます。つまり、この「一人」は思考する「一人」であると思われます。

ここでシュタイナーの説に目を転じてみると、「思考としての信」に歴史的な視点から光を当てることができるように思われます。シュタイナーによれば、現代が属している第五文化期（一四一三〜三五七三）は主知主義の時代であり、その特徴は知性や理性の発達です。他方、それに続く第六文化期（三五七三〜五七三三）と第七文化期（五七三三〜七八九三）はそれぞれ、善に対する審美的快感と悪に対する審美的不快感の時代と積極的な道徳生活の時代です[56]。そして、仏教とゾロアスター教との相違について、仏陀の使命が魂の内面に関する教えをもたらすことにあったのに対して、ゾロアスターの使命は宇宙を霊的に貫き包括する外在的な神についての教えを説くことにあり、仏陀が人間の魂から思考を生み出す「思考実体」について語ったのに対して、ゾロアスターは私たちを取り巻き宇宙の至る所に散乱している「宇宙創造思考」につい

て語った、とシュタイナーは述べています。◆57

まず現代が主知主義の時代であるということは、信仰もまた知的な考察を通じて獲得されなければならないことを意味するのであり、それこそまさしく「思考としての信」に当たるように見えます。親鸞の「思考としての信」はシュタイナーの時代認識にぴったり当てはまるように見えます。しかしながら、親鸞（一一七三～一二六二）はシュタイナーのいう第五文化期が始まる一五〇〇年以上前に没しています。この点については、当然ながら時代は徐々に移行するのであり、時代の途中ですでに次の時代の兆候が見られることに注意する必要があります。シュタイナーの思想と関係の深い薔薇十字団がクリスティアン・ローゼンクロイツ（一三七八～一四八四）を始祖として設立されたのは十四世紀ですが、それに至る秘められた精神生活は既に十三世紀に起こっていたのであり、その人間の意志を尊重し、自我意識を重視する新たな精神生活の一例がマイスター・エックハルト（一二六〇～一三二七）の思想である、というのがシュタイナーの理解です（『イエスからキリストへ』27頁以下、『哲学の謎』95頁）。エックハルトの思想については、その大乗仏教との、特に禅仏教との親近性に鈴木大拙も注目していました（『神秘主義』所収「マイスター・エックハルトと仏教」）。それにしても、マルティン・ルター（一四八三～一五四六）に率いられたキリスト教の宗教改革が聖書を一般信徒に解放し、市井の人々の宗教に新たな次元を開いたその三〇〇年以上も前に、法然・親鸞が煩悩具足の衆生に成仏の可能性を開いた在家仏教の道を確立していたのですから、驚くべきことです。

しかし、親鸞が仏陀が入滅前に説いた教義を内容としているとされる『涅槃経』を引用しているることに注目しなくてはなりません。つまり、真の信仰が「思考としての信」であることは、すでに仏陀が説いているのです。この場合の思考とは般若の智慧と呼ばれる働きです。それは近代の自然科学的合理的思考とは異なります。こうして見てきますと、シュタイナーが説く人間の本性としての思考もまた般若の智慧に通じるものであることがわかります。

シュタイナーが、仏陀は人間から思考を生み出す「思考実体」について語った、と述べていることに注目したいと思います。「思考実体」とは思考を生み出す実体を指すのに対して「宇宙創造思考」とは思考の内容を指します。そこには「人間の思考の中に存在するものは宇宙の至る所に存在して」いるという関係が成り立っています。「思考実体」とは思考する人間の本性、自己の本体と言ってよいでしょう。

この、仏陀は単に思考の内容について、あるいは宇宙的な真理について語ったのではなく、思考を生み出す人間について、あるいは真理を把握する人間の内面について教えを説いたということを踏まえて初めて、野間が注目した「信にまた二種あり」の一節に続く『教行信証』の一節が納得できるように思われます。その一節とは、「また二種あり。一つには道《どう》〔さとりへの道〕ありと信ず、二つには得者《とくしゃ》〔さとりを得た人〕を信ず。この人の信心、ただ道ありと信じて、すべて得道の人ありと信ぜざらん。これを名づけて信不具足《しんふぐそく》〔完全な信心ではないこと〕とす」というものです。すでに得道の人がいるということを信じないで、単に道があるということだけを信じても、それは真の信心ではないというのです。これは「思考としての信」が真の信であり、真の信は「思考実体」を通して初めて可能になるということ、真の信は得道の人を通して初めて起こり得るということを語っているものと思われます。

## 3 ヘルマン・ベックの仏教論

シュタイナーの信奉者の中には、仏陀の役割はキリスト教の成立を準備するところにあったとする解釈が見られます。例えば、『仏教』、『秘儀の世界から』、『インドの叡智とキリスト教』といった邦訳書のあるヘルマン・ベック（一八七五〜一九三七）がそうです。これはキリスト教の立場の一つと言うことができるでしょうが、そのような立場に立てば『歎異抄』に関心をもつことはないでしょう。もしベックとシュタイナーの立場が同じだとすれば、シュタイナーの世界観に照らし合わせながら『歎異抄』の今日的重要性を明らかにしようとする本書の試みは徒労に終わるでしょう。

確かに、シュタイナーの立場は、彼自身が繰り返し述べているように、西洋ないしキリスト教の伝統に基づくものです。日本人としてはこの点に十分留意しなくてはなりません。しかしながら、ベックとシュタイナーの立場には微妙かつ根本的な違いがあるように思われます。両者の違いを一言でいえば、ベックが仏教を過去形で語るのに対してシュタイナーは現在形と未来形で語る、と言うことができるのではないでしょうか。

ベックという碩学の関心はインド仏教に止まり、その後の大乗仏教の発展には向かいません。それには大きく三つの理由があると思われます。第一に、仏陀と仏教の役割がイエス・キリストの出現とキリスト教の成立を準備することにあったという解釈に立てば、キリスト教が成立して以降の仏教はもはや役割を終えてしまっているからです。「仏陀はこの教義が（其真実純粋の形態では）唯五百年しか存続しないであろうと予言した」ことが重要なのであり、[58] イエス・キリストの出現を受けてキリスト教と時期を同じくして成立した大乗仏教は、それ以前の仏教が時代に合致していたのに対して、時代に十分適合した宗教的衝動として発展することはないと考えられているのです。[59]

第二に、ベックは大乗仏教の教義は根本仏教の中に既に完全に存在していた萌芽から発展したものであり、その萌芽はいわゆる小乗仏教においては単に退歩していたにすぎない、と考えているからです。[60] インドで成立した原初の仏教の中には大乗仏教の教義も含め仏教のすべてが存在していたというのです。「これ〔ヒーナヤーナ／小さい乗り物〕に反してマハーヤーナ〔大きい乗り物〕では仏陀を模範とする高次の理想、即ち全世界の苦を一身に荷いあらゆる生類の完成と解脱との為に活動せんとする誓願が主要である。即ち仏陀も己れ独りの解脱への認識を見出したのみでは満足せず、更に躊躇の後断乎としてこの認識を世界に開示し、自己の全生涯を挙げてこの使命を達成せんとする決意をしたのである」（傍点は原著者）とベックは述べています。[61]

第三に、第一と第二の理由とも密接に関連して、ベックは仏陀が歴史的に出現したということを重視するからです。

「仏教を考察するにはその成立及び伝播の時と処との事情を無視することは出来ない」[62]。仏教の教義は仮に仏陀という概念を取り除いても本質的には何等の変化もないであろう（それに対してキリスト教の中心にあるのは一つの行為、即ちゴルゴタの解脱行の実践者としての解脱を与える者の姿である）という説があるが、もし仏陀がいなかったとしたら仏教は成立しなかったであろうし、仏教の教義が広くアジアの精神発展にこれほど偉大な衝動を与え世界的宗教となることができたその力は仏陀がこれを宣説したことによるのであり、他のインドの諸思潮に対する仏教の特異性は決して独特な新しい概念や命題を創作したことにあるのではなく、従来は特別な知識財産としてヨーガのように狭隘な特殊団体で用いられていた「真理」を仏陀と弟子たちがあらゆる階級性や国民性の制限を打ち破って一般人への贈り物として世に出したことにある。[63]

ベックにとって重要なのは、教義と概念形式とを含む原典の中の思想の灰色の抽象よりも、活々とした具体的伝説の多彩な形象において仏教の本質を知ることであったと言えるでしょう。[64]仏陀は「この教義の内部の一の本質的要素であり、この教義の弟子たちは努めてこれを模範とすることを最高の理想とする」[65]ところに仏教の本質があるというのです。

『インドの叡智とキリスト教』の「訳者あとがき」で西川隆範は「『仏教』新版（フライエス・ガイステスレーベン社）の編者まえがきによると、ベックがルドルフ・シュタイナー（一八六一―一九二五）の精神科学のなかに、自分が長年探しつづけていた叡智を見出したと思ったのは第一次世界大戦後（一九一四〜一九一八）のことなのだそうですが、不思議なことに、この『仏教』（一九一六）にはシュタイナー的な人智学《アントロポゾフィー》の認識が、すでにすみずみまで浸透」していると述べています。

ベックは『仏陀』の「序論」で「近代及び最近に西洋で行われている仏教の宣伝というものは、神智学《テオゾフィー》又はその類似の傾向と関係があるか、さもなくば多くは仏教を以て合理主義的体系、

『無神論的道徳哲学』であると見做すものである……仏教は我々のいう意味での無神論でもなく単なる哲学的合理主義でもない。……同様にして公平な学的研究によって知られる真の仏教は近代の神智学の傾向と同一視することも出来ない。仏教と神智学の傾向とは多少の接触点があるにも関わらず本質上異なっているものである」と述べており、少なくとも神智学については既に相当の知見を有していたものと思われます。

また、渡辺照宏が『仏陀』(光風館、一九四三)の訳出に使ったテキストが、ベックが人智学に深くかかわるようになって以降の一九二八年の第三版であるということは、つまりベックが一九一六年に出版された『仏教』の価値を一九二八年の時点においても引き続き認めていたということは、『仏教』には既に人智学の知見が浸透しているという西川の指摘を裏付けるものと思われます。その「序論」には次のような記述が見られます。

「仏教とキリスト教とでは相互間の理論的優劣を証明せんとする二個の教義が対立しているのではなく、此処にあるものは二個の異なれる生命の流れである。前者の本質に存するものは俗世からの背離(「原因の滅却」)であり後者の本質に存するものは俗世の改変であり俗世の十字架を受け荷えと我々に教えるのである。我々は此をクリスト教と名づける。何となればまた歴史的にはゴルゴタの十字架から始るからである。(此は外面的歴史的な記録を事とする研究には到達し得ない事実に関するものではあるが。）仏陀はクリスト以前の時代に生活し己れの教義のみを説いたのである。当時に於いて、この教義こそ正しいものであった。二個の潮流の区別は智に存するのではなく意志にある。そして此処でクリスト的潮流と名づくるものの中にクリスト以前の仏教的潮流以前に遡る発達段階を見出すことができる。……だが此処に言う『クリスト的生命の流れ』を単純に今日のクリスト教信条の教理と混同してはならない。仏教が何れの教会教理的クリスト教よりも認識と道とに於いて著しく優れているという事実は注意し真剣に考えなくてはならない。併しこの認識とこの道とは今日のクリスト教時代に於いては此をかのより広汎な生命の流れに導入れることが出来る。それは俗世を回避せず俗世を改革――変化させる生命の流れである。かくして教理的偏狭な教会クリスト教とは異った宇宙的クリスト教が成立する。此は……仏教や其他のクリスト教以前の叡智の深い認識を無視するのではない。却って其等の認識をクリスト教的認識とクリスト教的意志との光明に由って照すことが出来るものである。」（傍点は原著者）

そしてベックは、一九二二年にフリードリッヒ・リッテルマイヤーがシュタイナーの指導の下にキリスト者共同体を創設したとき、大学の職を辞してこれに加わったのであり、東洋への愛着と学問的情熱によって独特の雰囲気を漂わせていたということです。[66]

しかしながら、ベックが愛着を寄せた東洋とは紀元前のインドであり、学問的情熱は主として過去の「起源」に向かったのではないでしょうか。そのようなベックの姿勢とシュタイナーの立場には決定的な違いがあるように思われます。確かにシュタイナーもまた「宗教は一つ」であり、「それぞれの宗教を、人類の進化の経過の中の正しい位置に於いて考察」することの必要性を説いていますが、それは「全ては発展しつづけ」るという理解に立脚した「それぞれの宗教の中に、死んだものではなく、生きたものを探求」する立場であり、いわば現在に立脚した立場ということができると思われます。[67]

シュタイナーは現在を基点としてそこから過去に遡ります。現在を基点とするということは、いまここにある生きたものから考察を進めるということです。次のように述べるとき、シュタイナーは単なる過去の仏教ではなく、現在の生きた仏教を論じているのです。「仏陀の力は西洋の哲学者の世界観の中に流れ込んで、働いています。霊界から仏陀が西洋の哲学的精神生活を推進させているのです。」「霊界に於ける仏陀の任務は……高い叡智の力を永久に人々の心の中に燃え立たせるという任務です。……仏陀の流れは二十世紀にも概念化された形で流れています。……仏陀の霊統に、ゴルゴタの秘蹟以来、もう一つの流れが加わりました。[68]」

シュタイナーは例えば「今日の霊学の内容は、浄飯王の子である菩薩が仏陀になった時に説いた東洋の霊智と変わるところはありません[69]」「今日二つの霊的生命の流れが作用しているということです。一つは智の流れ、すなわち仏陀の流れで、智と良心と平和の崇高な教えです。仏陀の教えを全人類の心の中に浸透させるために、キリスト衝動は必要になってきます。第二の流れはキリストの流れで、審美的感情と洞察力によって、人類を智から徳へ導くものです[◆70]」とも語っています。

私たちもまた現在から出発するほか道はありません。シュタイナーの「自己意識」も親鸞の「一人」も現在の問題です。『歎異抄』の魅力もその重要性も現在の私たちの問題です。しかし、ベックは現代に息づく大乗仏教の立場ではなく、一つのキリスト教の立場に立って過去の仏教を論じているのです。イエス・キリストの誕生と大乗仏教の成立が連動しているとするなら、原始仏教ではなく大乗仏教にこそ目を向けるべきだと思われます。

また、渡辺照宏は一九七七年にベックの『仏教（下）―第二部』の「訳者あとがき」において、日本のインド仏教研究者が今なお辞書も文典も欧米のそれに依存しているという実情に言及し、「ましてインド仏教を心の糧として受け入れるのは一般にはまだ程遠い」と述べています。しかしこれはベックの立場でもないし、現在の私たちが目指すべき立場でもないと思われます。ベックの立場に立てば心の糧は「宇宙的クリスト教」であり、私たちが心の糧として受け入れるとすればそれは過去のインド仏教ではなく現在に息づく仏教でなくてはならないでしょう。

ここで本章の議論を簡単に振り返っておきますと、『歎異抄』が今でも広く読まれるということはそれが現代の私たちの課題に応えているからですが、それはまた『歎異抄』がその課題を私たちに示しているということでもあります。

『歎異抄』が示す現代の課題を考えるときに重要と思われるのは、鎌倉時代に至って初めて日本的霊性が覚醒したという鈴木大拙の指摘です。その霊性とは個人的経験としての宗教意識のことであり、その覚醒の代表的な現れが禅であり親鸞の仏教であるというのが大拙の認識です。シュタイナーの視点からしますと、個人的経験としての霊性の覚醒ということは現代にかかわる極めて重要な歴史的過程です。それが日本では鎌倉新仏教において初めて現れたとすれば、『歎異抄』に記された親鸞の思想は今日の私たちにとって根本的な重要性を有していることになります。

一方、禅と親鸞の仏教を、霊性や宗教意識の覚醒が歴史的現実的であるかどうかという観点から比較すると、日本仏教は親鸞に至って初めて歴史的現実的になったのであり、今の時代は親鸞の仏教を求めているというのが西田幾多郎の認識でした。ここには、単なる絶対世界ではなく、歴史的現実を重視するシュタイナーの立場と共通するものがあります。

次に西谷啓治の議論を参考にしながら現代の歴史的課題に目を転じてみますと、宗教と科学の対立や唯物論的科学的世界観に出会います。（自然科学的方法で精神的世界を探究する精神科学を標榜するシュタイナーは科学ではなく唯物論を問題視するのですが、ともあれ）近世以来の自然科学の発達によって無神論が登場し、それが現代ではニーチェに代表されるようなニヒリズムと結び付いた実存主義的無神論にまで深まっているが、これは基本的に西洋のことであって、明治以来、西洋文化を無批判に受け取ってきた日本の場合は、実存主義的無神論はさらに複雑な様相を呈しており、仏教にはニヒリズムをはるかに超え出る立場が本来含まれていながら、過去の伝統のうちに埋もれてしまっているのであり、それを取り出すには、西洋のニヒリズムを自分の問題として痛切に受け取り、それが至りつく所を先取りするという回り道を経る必要がある、というのが西谷の認識でした。

仏教の伝統のなかで特に注目される点の一つは親鸞の説く「思考としての信」です。シュタイナーの視点からしますと、「思考」は今日の人間の根本的な要素を成しており、思考としての信仰は個人的経験としての霊性の覚醒の本質とも言えるでしょう。シュタイナーの思想は親鸞の仏教の今日的重要性を強く支持するものと考えられます。

なお、シュタイナーは仏教に高い関心を示しながら、ニーチェを論じるときニーチェの仏教観にはほとんど触れていません。その理由は必ずしも明らかではありませんが、シュタイナーの信奉者の中には、仏陀の役割はキリスト教の成立を準備することであったとして、その後の大乗仏教の発展に関心を示さない傾向が見られます。しかしながら、シュタイナーは現在に立脚する立場に立ち、過去の原始仏教ではなく、現在の生きた仏教を論じたのであり、私たちも同じく現在に立脚した立場から、『歎異抄』が問いかける問題に取り組む必要があるでしょう。

当然のことながら多くの問題が残されていますが、しかしいまは取り敢えずこの程度に止め、次章からは『歎異抄』の言葉を取り上げ、シュタイナーの思想と照らし合わせながら理解を深めてみたいと思います。まずは後序に「弥陀の五劫思惟《ごこうしゆい》の願をよくよく案ずれば、ひとへに親鸞一人《いちにん》がためなりけり」といわれる「親鸞一人がため」とはどういうことか、という問題です。

**「序章」の注**

1◆鈴木大拙『日本的霊性』「第一篇　鎌倉時代と日本的霊性」岩波文庫、29頁。

2◆同前、17〜19頁。

3◆同前、第一編の一「1万葉集」「2平安朝文化」。

4◆同前、20頁。

5◆本多顕彰『歎異抄入門——この乱世を生き抜くための知恵』35頁。

6◆岩倉政治『親鸞——歎異抄の人生論』27頁。

7◆鈴木大拙「極楽と娑婆」『鈴木大拙全集第六巻』71〜72頁。

8◆西田幾多郎「場所的論理と宗教的世界観」、上田閑照編『西田幾多郎哲学論集Ⅲ』岩波文庫、349頁。

9◆教学伝道研究センター編纂『浄土真宗聖典（註釈版・第二版）』による。

10◆鈴木大拙『日本的霊性』岩波文庫、篠田英雄による「解説」、268頁。

11◆内山興正『宗教としての道元禅——普勧坐禅儀意解』65〜66頁。

12◆西田幾多郎、前出369頁。

13◆竹村牧男『西田幾多郎と仏教——禅と真宗の根底を究める』i頁。

14◆西田幾多郎、前出370頁。

15◆シュタイナー「ヘーゲルとマルクス——霊的社会主義による両者の調和」『社会の未来』77〜78頁。

16◆野間宏『親鸞』90〜91頁。

17◆同前、48頁。

18◆吉本隆明『最後の親鸞』60〜61頁。

19◆同前、64〜65頁。

20◆西谷啓治「宗教における人格性と非人格性」『宗教とは何か』53頁。

21◆シュタイナー「霊学の課題と目標——現代人の霊的要求に応えて」『シュタイナーの死者の書』ちくま学芸文庫、10頁。

22◆シュタイナー「近代社会主義の思想形態」『社会の未来』32頁。

23◆シュタイナー「史的唯物論、階級闘争、剰余価値」、同前37頁以下。

24◆シュタイナー『シュタイナー　マルコ福音書講義』173頁。

25◆高橋泰蔵・増田四郎編『体系経済学辞典（改訂新版）』東洋経済新報社、「科学的社会主義（マルクス主義）」

の項。

26◆シュタイナー『秘儀参入の道』35〜36頁。

27◆西川隆範『シュタイナー用語辞典』「精神科学」の項。

28◆シュタイナー『シュタイナー自伝（下）』アルテ、23頁。

29◆シュタイナー『神秘学概論』ちくま学芸文庫、443〜444頁。

30◆同前、15頁。

31◆シュタイナー『秘儀参入の道』156頁。

32◆シュタイナー『神秘学概論』、前出441〜442頁。

33◆シュタイナー『人智学・心智学・霊智学』ちくま学芸文庫、23頁。

34◆上田閑照「西谷啓治――宗教と非宗教の間」西谷啓治、『宗教と非宗教の間』（上田閑照編）岩波現代文庫所収、309頁。

35◆以上、西谷啓治、前出61〜65頁。

36◆西谷啓治『ニヒリズム増補版』5頁。

37◆西谷啓治「宗教における人格性と非人格性」『宗教とは何か』66頁。

38◆西谷啓治『ニヒリズム増補版』第七章。

39◆シュタイナー『哲学の謎』521頁。

40◆野間宏、前出196〜197頁。

41◆シュタイナー『ニーチェ――同時代への闘争者』97頁。

42◆シュタイナー『自由の哲学』ちくま学芸文庫、高橋巖による「訳者あとがき」。

43◆シュタイナー『哲学の謎』308頁。

44◆同前、519頁。

45◆以上、同前513〜519頁。

46◆以上、同前523〜525頁。

47◆シュタイナー『シュタイナー自伝（下）』24〜25頁。

48◆シュタイナー『ニーチェ ――同時代への闘争者』159頁。

49◆同前、6頁。

50◆西谷啓治『ニヒリズム増補版』3頁。

51◆野間宏、前出68頁。

52◆「思考」あるいは「考えること」の重要性については拙著『シュタイナーから読む池田晶子』でもやや詳しく検討した。

53◆野間宏、前出70頁。

54◆同前、143頁。

55◆同前、143、145頁。

56◆シュタイナー『仏陀からキリストへ』97頁以下。

57◆同前、50頁以下。

58◆ヘルマン・ベック『仏陀』11頁。

59◆ヘルマン・ベック『インドの叡智とキリスト教』87〜88頁。

60◆ヘルマン・ベック『仏陀』22頁。

61◆同前、21頁。

62◆同前、11頁。

63◆同前、19〜20頁。

64◆同前、23頁。


65◆同前、21〜22頁。

66◆ヘルマン・ベック『インドの叡智とキリスト教』、西川隆範による「訳者あとがき」。

67◆シュタイナー『仏陀からキリストへ』13頁。

68◆同前、「仏陀と西洋哲学」。

69◆同前、109頁。

70◆同前、112頁。

# 第一章 ✣ 「一人」について

## 1 親鸞の「一人」とシュタイナーの「自己意識」

ここでは『歎異抄』の後序に「聖人（親鸞）のつねの仰せには、『弥陀の五劫思惟《ごこうしゆい》の願をよくよく案ずれば、ひとへに親鸞一人《いちにん》がためなりけり。さればそれほどの業《ごう》をもちける身にてありけるを、たすけんとおぼしめしたちける本願《ほんがん》のかたじけなさよ』と御述懐候ひしことを」とある、「親鸞一人」の問題を取り上げてみたいと思います。まず、唯円が「聖人のつねの仰せには」と述べていることが注目されます。親鸞が常々語っていたということは、それが親鸞にとっていかに重要かつ根本的なことがらであったかを示すものと思われるからです。

親鸞は『唯信鈔文意《ゆいしんしょうもんい》』の冒頭で、「唯信鈔」の意味を説明して「『唯』はただこのこと一つということであり、二つが並ぶことを嫌う言葉である。また『唯』はひとりという意味である」[1]（傍点は引用者）と述べています。一般的には『唯信鈔』という題名は、法然上人より受け継がれた念仏往生の要義を述べて「ただ信心」を専修《せんじゅ》念仏の肝要とすることを示すものとされ、その「唯」に「ひとり」の意味が含まれているとは考えられていません。[2] わざわざ「また『唯』はひとりという意味である」と付け加えたことは親鸞における「一人」の重要性、親鸞の「信心」における「一人」の意識の重要性を示すものと思われます。

一方、「親鸞が一人がため」には意外性があります。だからこそ唯円の「耳の底に留むるところ」(『歎異抄』序)となったのであり、また『歎異抄』の中の有名な一句として今なお人々に訴えかけるのでもありましょう。この言葉だけを取り出してうっかり私たちの通常の意識で受け取りますと、親鸞は大勢の中から自分ひとりだけが選ばれたと言っているかのようです。しかしそうではないことは、それに続いて「さればそれほどの業をもちける身にてありけるを、たすけんとおぼしめしたちける本願のかたじけなさよ」と親鸞が述懐していたとあることからも推測できます。数知れぬ罪業をもつ身であるのにという深い罪悪感からは、たとえ自分ひとりだけが選ばれたとしても、それによって「かたじけなさよ」という感謝の気持ちや感慨が湧いてくることはないと思われます。そこには自分ひとりだけが選ばれるような資格はないという深い自覚があります。

この「一人」は天上天下唯我独尊の一人ということができると思われます。西田は「『何処までも個人として』ということは、人間の極限として、人間の代表者としてということでなければならない。『弥陀の五劫思惟の願をよくよく案ずれば、ひとえに親鸞一人がためなりけり』というのも、かかる意義に解せられなければならない。いわゆる個人という意味ではない。この故に道徳は一般的であり、宗教は個人的である」と述べています。[3]

これはまた「善人なほもつて往生をとぐ。いはんや悪人をや」(『歎異抄』第三条)という、いわゆる「悪人正機《しょうき》」の解釈にもかかわる問題です。「悪人正機」については章を改めて検討しますが、その場合の善悪が社会的な決まりや道徳に基づくものではないことは、根底に「親鸞一人がため」という意識があることによっても明らかだと思われます。西田も「而してそれはまた絶対者が悪魔的なるものにおいても、自己自身を見るということでもなければならない。此《ここ》に浄土真宗の如き悪人正因の宗教があるのである、絶対愛の宗教が成立するのである。親鸞一人がためなりけりという、唯一的個的に意志的なればなるほど、斯《か》くいわなければならないのである」と述べています◆4。

善悪はまた人間の自由にかかわる問題でもあります。人間的自由がなければ善悪もあり得ません。動植物が善悪を問われることはありません。「一人」とはこの自由な人間のことでもあります。「一人」の自由において初めて善悪が問われます。「悪人正機」は自由な「一人」にかかわる問題です。一方、善悪が問われるということは絶対的な自由があるのではないことを示しています。人間の自由は絶対の自由ではなく、善悪が問われる自由です。そして、善悪が問われるということは悪から善へという方向が含意されているということでもあります。

また、自由とは自力です。善悪が問われるということはその自力が他力に接しているということです。自由があるときには善悪が問われ、善悪が問われるところには自由があるということは、自力即他力・他力即自力ということです。それが「一人」の構造の一面だと思われます。

議論が先走ってしまいましたが、実に、「親鸞一人がため」は浄土真宗の本旨の極意を示すものであるというのが西田の理解であり、[5]大拙も「真宗の信者はこの一人に徹底することによりて、日本的霊性の動き〔宗教的意識ないし衝動〕を体認するのである」（傍点は原著者）と述べています。[6]そもそも宗教とは「自己の心霊上の事実として宗教的意識」にかかわる問題であり、[7]「霊性〔宗教的意識〕の覚醒は個人的経験で、最も具体性に富んだもの」[8]であるなら、「一人がため」という意識は、真宗に限定されるものではなく、また日本人の宗教意識という枠をも越えて、人間における宗教の成立の要諦をなすと言うことができるでしょう。

この「一人」の「人」に関して、大拙は「真宗概論」（『鈴木大拙全集第六巻』所収）で次のような興味深い説明をしています――禅宗などでいわれる「人《にん》」は英語にするとpersonであるが、それは大悲と大智というものが一つのかたまりとしてpersonalize（個別化）したものという意味であり、五感を備えたpersonのことではない。一方、仏教の根本的要素である大智と大悲は一つになってはたらくのであり、それがはたらくところの力の「体《たい》（body）」が法身《ほっしん》(dharma-kāya) の「身 (kāya)」であり、その「身」が「人」でありpersonである。したがって、この体は体相用《たいそうゆう》〔法そのものの本体（体）・それが顕現するすがた特質（相）・そのはたらき力用（用）――中村元監修『新・佛教辞典　増補版』〕の体ではない。

大拙のいう「体（body）」はシュタイナーのいう「体（Leib／body）」に近いと思われます。シュタイナーの場合、「体」とは存在に何らかの「形姿」ないし「形態」を与えるものを意味しており、それには感覚的に捉えることのできる物体だけでなくエーテル（生命）体・魂体・アストラル体といった生命的・魂的・霊的形姿も含まれます。[9] 大拙の「個別化」したものとシュタイナーの「形姿」は似ています。大智と大悲がはたらくところの力の「体」とは力ないし作用の焦点であり、その焦点が「形姿」となって現れるものと思われます。それが「人」であり「身」であるということです。

法身《ほっしん》に関して親鸞は二種法身ということを言います。法性《ほっしょう》法身と方便《ほうべん》法身という二種の法身です。この二種法身という考え方は親鸞の現在中心の仏教に欠くことのできない要素だと考えられますが（本書第四章参照）、その場合にも「親鸞一人がため」の「一人」とは何か、「一人」の「人」とは何か、「一」とは何か、ということが問題になると思われます。先にみましたように、「一人」には人間の自由が含意されており、人間の自由には善悪が伴い、善悪には方向が示唆されていますが、その方向が二種の法身をつなぐ軸を形成していると思われます。

上田義文は、親鸞の思想構造の核心を形成しているのは「自己の真実な願心（行信）を与えようと衆生に向かって働きかけ給う如来と、そういう如来の行信を獲ようと如来に向かって働きかける愚鈍・逆悪の衆生との関係」（傍点は原著者）だとし、それを示す親鸞の言葉として『歎異抄』第一条の「罪悪深重煩悩熾盛《ざいあくじんじゅうぼんのうしじょう》の衆生をたすけんがための願にまします」と後序の「弥陀の五劫思惟の願をよくよく案ずればひとへに親鸞一人がためなりけり。さればそくばくの業をもちける身にてありけるをたすけんとおぼしめしたちける本願のかたじけなさよ」を挙げています。[10] その場合、「親鸞一人がため」は弥陀の願を受け取る人間の側から出る言葉です。上に見ましたように、宗教とは宗教心や宗教的意識あるいは自覚であるとすれば、「一人がため」は、親鸞の思想に限らず、宗教一般の核心です。したがって、「親鸞一人がため」だけでは親鸞の思想構造の特徴を示すことにはなりません。上田は、如来の願とそれを受け取る人間との関係が親鸞の思想構造の特徴だと言うのですが、その関係の独自性が究明されなくてはならないでしょう。

後に改めて検討したいと思いますが、親鸞の思想構造の一つの柱はその現在中心性にあると思われます。親鸞の思想における如来の願とそれを受け取る人間との関係においても、その特徴の一つは現在中心性にあると思われます。上田は親鸞の大きな功績の一つは法然の教えを大乗仏教の真髄と結びつけたところにあると繰り返し指摘していますが、その大乗仏教の真髄の一つが現在中心性です。親鸞の仏教によって浄土仏教は大乗仏教の教えに深く根を下ろしたのです。親鸞における在家仏教の徹底も、独自性に向かったのではなく、宗教としての普遍性に向かったものと考えられます。また、親鸞の思想の特徴の一つをなす二種法身という構造についても、それが特殊性ではなく普遍性に向かうのでなければ、親鸞の思想の今日的重要性に寄与するものにはならないでしょう。実は、真仏（法性法身）と方便仏（方便法身）という構造はシュタイナーが説く世界観に似ているところがあり、両者の類似性を検討すると親鸞の思想の今日性について有益なヒントが得られるものと思われますが、この検討は後で改めて行うことにして、いまは「親鸞一人がため」の問題に戻ることにしましょう。

「親鸞一人がため」については、「今親鸞」とも呼ばれた清沢満之（一八六三〜一九〇三）の絶筆で、「明治の歎異抄」ともいわれる『我が信念』も参考になると思います。清沢満之は、「序章」の注（35頁）で触れましたように、神智学協会会長オルコットが来日した際の演説の邦訳に携わっていますが、神智学の紹介に西本願寺関係者が中心的役割を果たしたということは、『歎異抄』を神智学から分派したシュタイナーの人智学の立場に照らして読み解こうとする本小論の試みにとっても極めて興味深い事実です。

『評伝　清沢満之』（法蔵館）を著した脇本平也は、『我が信念』における満之は「間に介在する何ものもな」く、「真宗の伝統もなければ、親鸞さえいない」「一個独自の自己としてただ独り如来の前に立っている」のであり、「おのずからほとばしるように白《もう》しのべた懺悔と讃歎のことばが『わが信念』一篇にほかならなかった」、さらに「如来の前での私の独白は、満之にとっては、同時に、私に対する如来のことばでもあった」と述べています（「序章　絶筆『我が信念』」）。そのような『我が信念』における満之の境位には「親鸞一人がため」と語った親鸞の境位に近いものがあると思われます。なお、西田は満之の影響を大いに受け、その『我が信念』に宗教的信念の極致を認めていたとも考えられています。[11]
脇本が満之を評して言う「一個独自の自己」とは「自分は自分だということ」でしょう。このことに関連して大拙は次のように述べています。

「自分ということを、自分と他人とに分けないで、自分を自分だという。その自分は、他から分けた自分ではない。ある意味でいうと、絶対の自分というもの。絶対の自分といえば、絶対の他力というのも同じことですね。即ち、絶対の他力の、他力というものは絶対のもので、それが一番最後のものだというように自分が承知するようにならねばならぬ。それを、他力の阿弥陀様が承知させてくれるんだといえば、そうであるけれども、そこに、自分をそうさせてくれるから、そうするんだと、自分がどうしても出て来る。その自分は、他力に対した自分でなしに、他力と一つになった自分だということになる。そうすると、他力と一つになった自分だというと、自が他で、他が自になる。一で二、二で一になると、こういうことになる。[12]」

これは先に述べたように自力即他力・他力即自力（即はまた即非）と言ってもよいと思います

が、大拙はまた「信念」に関連して次のように述べています。

「神が、ホレブ山の上で"I am that I am."といったというが、それは、ミステック(mystic)な考えになるかも知れぬが、併し、それは最も厳然として、疑うことのできない最後のところになって来る。その最後のところのものを正覚という。その正覚というものが光だと、昨日はいうたが、光というても、これを普通の言葉に直せば、さとりという。さとりというてもよし、それから、信というてもよし。[13]」(傍点は原著者)

「疑うことのできない最後のところ」とは、何らかの証明や説明を要しない自明のところです。それが「信」であり、「さとり」であり、絶対の他力と一つになった「自分」ということです。満之の「わが信念」はそのような「自分」に対する「信」であり、それは「親鸞一人がため」における親鸞の信でもあると思われます。

「疑うことのできない最後のところ」の「自分」は、デカルトが「我考《おも》う、ゆえに我あり」と表現した近代の問題です。大拙は「仏教などでも、この自分というものが一番の問題になる」が、デカルトは「考えるから自分があるんだというが、自分があるから考えるんだというてもいい」と述べています。[14] 大拙は自分があるということ(存在)が先か、考えるということ

（認識）が先かという哲学的問題を持ち出しているのではなく、「とにかく、自分というものがあって出て来るから困る」というように、自己意識を問題にしているのだと思われます。自己意識としての自分はすでに考える自分です。「自分というものは何か。……考えずには居れぬという自分なるものは何か」と問わざるを得えません。その場合、「自分というものが動きつつある間に、……動くものは動くままにしてをって、自分を動くままに見ようとするのが一番理屈に合った行き方」であり、「自分はこうだ、そういう自分は何だ、その何だという自分は何だ、こう次々に考えていくというと止まりどころがない。永遠に繰り返すということになるというと、また一番始めの元に戻って来る。始めに、この自分は何だというたところに戻って来るですね。そうすると、次々に考えないで、ここに停っていいということになる」。

これに関連してシュタイナーは『自由の哲学』第三章で次のように述べています。

地質学においては現在の地球にみられる現象から過去へと遡っていくときにはじめて確かな基礎が獲得できるように、哲学においても最後に生じたものを出発点とするときにのみ目標に達することができる。そして、これまでの宇宙進化がもたらした最後のものこそ思考であり、その思考を担うものが自我である。思考を観察することによってすべての現象を解明し得るほど確実な地点が獲得できるが、デカルトの「私は思考する。それ故私は存在する」という命題にはそのような確実な地点を見出すことができたという確信が込められている。思考以外の一切の事象は自分の働きかけがなくても存在しており、それが真実なのか夢なのか知ることはできないが、唯一自分の思考だけは無条件に確実に知ることができる。デカルトは「私は考える」という言葉によって「私」をその最も固有な活動としての思考活動においてのみ理解することを主張したのである。

大拙がいう「自分を動くままに見ようとする」ということは「ここに停っていい」ということであり、何かを止まりどころなく「次々に考えていく」のではなく、思考そのものを思考の対象にすることだと思われます。さらに、思考を思考の対象にするということは、思考そのものになり、思考を生きるということであり、それが「I am that I am.」ということだと思われます。

大拙は、「I am that I am.」は「天上天下唯我独尊」に当たる名号《みょうごう》であり、浄土系では「阿弥陀如来」であるが、それを私等からいうと「南無阿弥陀如来」になると述べています。[◆15] 私等というのは仏凡一体の凡夫の立場ということです。このような「阿弥陀如来」と「南無阿弥陀如来」との関係もしっかり押さえておかなくてはなりませんが、しかし、ここでの大拙の関心は「名号というものは、ヘレン・ケラーが、水に触れて水の実体をにぎったと同じ名号ですね。

その名号というものがわからにゃならん」というところにあります。大拙は次のようにヘレン・ケラーのエピソードを紹介しています。大拙が「よっぽど偉い先生」と呼ぶサリバン先生がものの名を教えたけれどもヘレン・ケラーにはわかりません。ところが、ある時、ポンプの水を揚げ、水がどっと出たら水が冷たくてヘレン・ケラーは手をひっこめた。その時に「これが水だ」と教えた。すると、「ああ、これが水か」とわかった。それからすべてのものに名があるということがわかった。名があるということがわかったら世界がはっきり眼に映った。それから、この世界が意味をもってくるようになった。それまでの世界は盲目の世界であり、もののない世界であった。

　大拙は単に日本語であれ英語であれ、ものには名がつけられているということを語っているのではありません。「ものがわかって来る」とはどういうことかを語っているのです。「動物の世界……暗闇の世界というか、そこには、名は勿論無いんだから、そこで、さとりを開くということはできぬだろう。ところが、名号というものが出て来た。名号というものが出て来たら、それが明るみになって、ものがわかって来るということになる。」（傍点は原著者）

　ヘレン・ケラーは単に水を英語でウォーターと呼ぶということを理解したのではありません。その時初めて水というものがあるということを知ったのです。この世界に初めて水というものが現れたのであり、この世界というものがわかるようになったのです。そして、そのへレン・ケラーの水と南無阿弥陀仏の名号は同じだというのです。ヘレン・ケラーが「ああ、これが水か」とわかったように、「ああ、これが南無阿弥陀仏か」とわかったとき、それが明るみになって、ものがわかって来ることになる。そのとき人は、阿弥陀如来という名を単に称えるのではなく、名そのものになり、その名を生きるのであり、名号が人間にはたらくのであり、「南無阿弥陀仏」ということそのものが阿弥陀様であり、それがわかるようになるところに宗教がある、というのです。◆[16]

「ものがわかって来る」ということは既に不思議なことです。その不思議なできごとを大拙は「さとりを開く」と述べていますが、覚醒と呼ぶこともできるでしょう。

シュタイナーによれば、近代の人間に対する歴史的要請は「自己意識」の覚醒です。この「自己意識」は単なる自己中心的な自我意識ではありません。人間は幼児期のあるときに自分を自分以外のものと区別するようになります。「私」という意識が目覚め、自分の内面世界が外の世界と区別されて現れてきます。これは自己中心的な自我意識ですが、やがて青年期に達するころになると、その「私」を意識するようになります。「私」の中に「私」を意識するもう一人の自分が目覚めます。「私」は何者なのかという疑問が生まれます。それはそれまでの自己中心的な自我意識を超えたいわば高次の意識の覚醒であり、それがシュタイナーのいう「自己意識」です。

あるいは、「人間というものがもつ自己中心性（self-centeredness, egocentricity etc.）が、人間の存在そのものの根柢をなしていて、人間の道徳的努力だけでは、これを無くすことはできない。親鸞はこのような自己中心性を、如来から廻向された智慧（これが信心と呼ばれる）によって根本から照らし見ることができたから、それが悪であることを掌を指すが如く知ることができたと思われる◆17」と上田が言うときの「自己中心性」を照らし出す「如来から廻向された智慧」が、シュタイナーのいう「自己意識」だと思われます。

また、親鸞の「一人」はそのような智慧の自覚であり、「智慧の自覚」というのは人がそのような智慧を自覚するというのではなく、智慧が人において自らを自覚するということであり、それが「一人」というあり方なのではないかと思われます。

この智慧に関連して上田は次のようにも述べています。

「地上的なもの、此の世的なもののすべてを棄ててゴータマが求めたものは、『無上菩提』（自己から世界の一切を見るという自我中心の立場を脱していることによって、自己をも世界の一切をもそれらのあるがままに知るところの智慧《ちえ》であり、それは同時に自己と一切の存在するものとの同一性の感情でもある）とか、『解脱』（煩悩の束縛からの解放）とか、『涅槃』（煩悩の、従って苦の滅）とか呼ばれた。ゴータマは地上的なものをすべて棄てたことによって超越的世界（涅槃・さとり）

を開くことができた。ゴータマが無上菩提に到達したことによって、その日常的生は根本的に転換された。その転換は、地上的なもの（諸行・諸法）の徹底的な否定の底において始（マこ）めて超越的世界が彼に開かれたということであった。このことは親鸞においても全く同様であった。自己をも含めて此の世的なものが政治であれ、経済であれ正義であれ、愛であれ、それらのものの、『末とおらぬ』（完うせぬ）ことはもちろん、宗教的な自己の行《ぎょう》までが、たわごとそらごとにすぎないことが顕わになったとき、すなわちすべてのものの究極的無価値が自覚にのぼったとき、念仏の『まこと』（無上の価値）の世界が始めて開かれることが可能になったのである。[◆18]」

『歎異抄』や親鸞の思想の現代性を検討するためには、私たちは常に自分自身に照らして考えなければなりません。「無上菩提」とは「自己から世界の一切を見るという自我中心の立場を脱していることによって、自己をも世界の一切をもそれらのあるがままに知る智慧であり、それは同時に自己と一切の存在するものとの同一性の感情でもある」と説明されていますが、はたして私たちはこの説明を体験的にどれほど理解できるでしょうか。煩悩の束縛に苦しむ一般の私たちには所詮理解できないことなのでしょうか。しかしながら、実は、無上菩提と「親鸞一人がため」は無関係ではないと思われます。つまり、無上菩提が多少とも理解できなければ「親鸞一人がため」も理解できないと思われるのです。

親鸞の「一人」は自己から世界を見る自我中心の立場ではありません。それは自己をも世界の一切をも等しく見ることができる立場であり、自己と一切の存在との同一性を感じる立場です。「如来から廻向《えこう》された智慧《ちえ》」の立場であり「一味」(第二章「6 煩悩について」参照)の立場です。そして、このような「一人」の立場がシュタイナーの「自己意識」の立場であり、シュタイナーによればそれは時代の要請です。私たちは如来から廻向された智慧によって私とは何かと問うのであり、「一人」たる自己を知るのだと思われます。

「一人」というあり方を知るためには「転換」がなくてはなりません。それは自己中心的な自我の否定によってなされます。上田の言う日常的生の徹底的否定とは根本的には自己中心的な自我のあり方の否定を意味するものと思われます。その場合、自己中心的な自我を否定し、地上的なもの(諸行・諸法)を否定するということは、それらに邪魔されてよく見えなかった世界を見るということであり、本来の世界に帰るということです。「超越的世界(涅槃・さとり)を開く」というよりも、本来の世界である「超越的世界に帰る」のだと思われます。つまりそれまでの価値観が行き詰まり意味を失ったとき、初めて本来の世界が開かれるのです。

このように、否定するということは如来の智慧で照らすということです。それは単なる否定ではなく、むしろ「超越」です。シュタイナーの「自己意識」の場合も同じで、それまでの自我意識を否定するのではなく、ヘレン・ケラーが「ああ、これが水か」とわかったように、それを照らす高次の意識が覚醒するのです。

上田によれば、「釈迦と親鸞との間で異なるのは、日常的生の転換における否定乃至超越の仕方」です。釈迦がさとりを開いたのは当時行われていた苦行という方法ではなく、三昧《ざんまい》(定《じょう》)に坐った四諦《したい》・縁起《えんぎ》の観(一種の行《ぎょう》的智)によってであり、戒律を守ることがその前提となります。そこで仏教は戒《かい》・定《じょう》・慧《え》(智)の三学に尽きるともいわれ、学というのは宗教的実践いわば修行を意味します。それに対して、そのような戒・定・慧が自分には不可能であるという自覚において成立したのが法然・親鸞の仏教です。「三学という行に代って、念仏(南無阿弥陀仏)という行――親鸞のいわゆる『大行《だいぎょう》というは無礙光如来《むげこうにょらい》の御名《みな》を称するなり』という行――が成立した。戒と定とを必要としない、従って出家を必要としないこのような行の発見によって、超越的な世界が、三学によらなくても人間に開かれることが可能になったのである。自力道と他力道という、ある意味では相反する二つの転換の道が、釈迦から法然・親鸞までの、およそ千六百年あるいは千七百年の長い人間精神の努力を通して始(マ、)めて生れることができたわけである。◆[19]」

よく自力道と他力道という区別がなされます。自力道とは出家して戒と定を学する道であり、他力道とは出家も戒と定を学することも必要としない道です。しかし、それが仏の智慧を廻向されるべき転換の道であることはどちらにとっても同じことで、その意味ではともに他力道です。その智慧を得るためにはともに自己を離れなければなりません。大拙は「仏教というものは禅宗も真宗もなし、その器根によって受け容れるものが、ああにもなり、こうにもなると思うておっていい」と述べています。[20]

自力道と他力道の大きな違いは出家を必要とするかしないかにあります。それは親鸞の思想の現代性を考える上でも欠かせない論点です。この場合、法然・親鸞における「戒・定・慧が自分には不可能であるという自覚」の背景には末法《まっぽう》思想という歴史観があることに注意しなくてはなりません。つまり、自力仏教と他力仏教との非常に重要な相違はこの歴史観にあると思われます。いわゆる鎌倉新仏教には多かれ少なかれ末法思想が見られるとしても、それをどのように自覚していたかという点に浄土仏教の特色が表れているものと思われます。

簡単に言えば、末法思想は自力仏教では必須の条件ではありませんが、他力仏教では不可欠の要件です。それはまた、自力仏教では歴史観は主な要素ではありませんが、他力仏教は末法観という歴史認識の上に初めて成り立つことを意味しています。自力仏教は非歴史的であり、他力仏教は歴史的です。それが鎌倉新仏教を代表する禅宗と浄土真宗との重要な違いだと思われます。

このような歴史観の相違は仏教に共通する「一人」の理解にも影響を及ぼすに違いありませ

ん。末法思想に依らない自力仏教の「一人」は仏の立場に立つのに対して、末法思想に依る他力仏教の「一人」は凡夫の立場に立つと言えるでしょう。凡夫の立場は懺悔の立場でもあります。上田が如来の願とそれを受け取る人間との関係が親鸞の思想構造の特徴だというとき、その人間とは凡夫のことです。

歴史的ということはまた地域的ということでもあります。先に見たように親鸞の「一人」とシュタイナーの「自己意識」には通底するものがあると思われますが、しかしそれは必ずしも親鸞の「一人」とシュタイナーの「自己意識」が完全に一致するということではありません。そこには大拙がなぜ「日本的」ということを述べたのかという問題があります。それは仏教を西洋哲学の論理で解き明かそうとした西田の宗教哲学の意義にもかかわる問題です。つまり仏教を歴史的に捉えるということは実生活に即して具体的に捉えるということであり、それは文化や民族性といった要素を考慮に入れるということです。

世界のさまざまな文化や民族に目を向けますと、それらは単に空間的に並列の関係にあるのでなく、歴史的関係と一体をなしています。空間的関係は時間的関係でもあります。シュタイナーが説く「自己意識」についても、それが人間存在にとって永遠不変のものとしてではなく、歴史的に限定された一時的現象として捉えられていることに留意しなくてはなりません。親鸞の「一人」についても、単に末法観からのみ解釈するのではなく、正法《しょうぼう》以前から正法・像《ぞう》法《ほう》・末法を経てさらに法滅《ほうめつ》へと向かう長い歴史の中で捉える必要があると思われます。

シュタイナーの思想はこれまでややもすると文化や民族性を十分考慮せずに、一方的に紹介されてきた感がなくもありません。あるいは、シュタイナーの思想の実践的側面が、日本人の特質に配慮して、比較的受け入れやすい部分だけを抜き出して、その背景をなす世界観には触れずに紹介されてきたきらいがあります。西洋人と日本人との意識や世界観、文化や民族性の違いに真正面から取り組み、それによってシュタイナーの遺産をさらに発展させようという試みは多くはなかったように思われます。しかし、大拙が論じているように、[21]鎌倉新仏教における日本的霊性の覚醒が、仏教の移植や定着というよりも、仏教の渡来に触発された、日本に本来的な霊性（宗教心、宗教的意識ないし衝動）の覚醒を意味しているとすれば、シュタイナーの思想に関しても、それが日本で発展するためには、単に移植されるのではなく、その導入によってこれまで眠っていた本来の日本的なものが新たに目覚めるのでなくてはならないと思われます。

しかし、はたしてそのようなことが言えるのでしょうか。大拙の認識に誤りはないのでしょうか。

## 2 民族性と人類の歴史的課題

大拙は「真宗経験は、実に日本的霊性の発動にほかならぬのである。それが仏教的構想の中で出たということは歴史的偶然であって、その本質の日本的霊性なることを妨げるものではない」と述べています。[22]「日本的霊性」なるもののほうが仏教よりも本質的なことがらだというのです。しかし、それは「日本的」ということが仏教よりも本質的だという意味ではありません。「日本的霊性」の「日本的」と「霊性」を比較しますと「日本的」よりも「霊性」のほうがより本質的です。先に見たように、霊性そのものは民族性を超えた普遍性を有しているというのが大拙の理解です。しかし、それが精神活動として実際に形を現すときには民族性なるものの制約を受けるのであり、日本民族に現れる霊性は日本的にならざるを得ないというのです。したがって、冒頭の大拙の言葉は「真宗という宗教経験は仏教を歴史的契機として日本民族の中に実際に形を現した普遍的霊性である」という意味になると思われます。

しかし、そのような大拙の解釈には検討すべき問題がいくつかありそうです。大拙の日本的霊性は、発動すべきもの、目覚めるべきものです。つまり、それは変化や発展、歴史や時間を超えた永遠のものです。それが鎌倉時代という特定の時代に覚醒したと見る限り歴史的視点がないわけではありません。しかし、ひとたび日本的霊性が覚醒してしまうと歴史は「偶然」なるものとして意味を失ってしまったかのようです。日本的霊性は未来形で語られることはありません。また、大拙の議論では、人類の歴史全体にとってさまざまな民族の存在が何を意味するのか、という問題意識もほとんど感じられません。

他方、シュタイナーが霊性について説くとき、そこにはあくまでも歴史的・時間的な側面があります。例えば、仏陀の教え、特に八正道《はっしょうどう》について次のように述べています。

「仏陀が世界に現われるまえは、人類は正しい言葉、正しい判断をみずから下すことはできませんでした。正しい言葉を発し、正しい判断を下すためには、霊的な世界から人間に影響が流れてこなければなりませんでした。菩薩が影響を流し込んだのです。この菩薩が仏陀になり、以前、人類のなかに流し込んだことを教えます。つまり、以前は上方から流し込むことしかできなかった力を自分のなかで発展できる体を、仏陀は世界のなかで持ったのです。こうして、かつては上方から流し込まれていたものが、はじめて世界のなかに存在したのです。長いあいだ上方から地上に注ぎ込まれてきたものが、人間の体のなかに存在することには、地球の進化全体にとって大きな意味があります。こうなることによって、すべての人々に引き渡される力が形成されるからです。ゴータマ仏陀の体のなかに、人間が八正道の力をみずからのなかで発展させることができる原因が存在しており、八正道は遠い未来に個々人の所有になりうるのです。仏陀が存在したことによって、人間は正しく思考することができるようになったのです。そして将来、人類全体が八正道を自分のものにすることができるのは、仏陀のおかげなのです。[23]」

シュタイナーは八正道を仏陀の教えの核心と見ています。八正道とは何か、仏陀の教えの核心とは何かが問われなければなりません。ところがこの八正道は、仏教がインドから中国に伝えられ、唯一、禅として発展する過程で斥けられてしまったのです。「菩提達磨《ぼだいだるま》は弟子たちに、仏陀の教えの真髄を真直ぐに見究めよ、その外面的な表現様式に捉われてはならない、と教えた。……弟子たちは、仏教の核心的事実を把握する術《すべ》を体得した。これが成就すると、かれらはさらに、輸入的方法ともいうべき伝統的な表現方法には頼らずに、かれら自身の言葉でこれを表示しようとした。かれらは、ふるいものの言い方を全部破棄したわけではなかった。かれらも『仏陀《ぶっだ》』、『如来《にょらい》』、『涅槃《ねはん》』、『三身《さんじん》』、『業《ごう》』、『輪廻《りんね》』、『解脱《げだつ》』その他、仏教の骨格を作り上げている多くの概念に言及している。だが、『十二因縁』、『四聖諦』および『八正道』には、全然ふれていない[24]」（サンスクリット表記は省略）。したがって、中国から渡来した日本の仏教においても八正道は重視されずにきたのです。大拙のいう鎌倉時代の日本的霊性の覚醒においても、その後の仏教の発展においても八正道は重要な役割を果たしてはいません。

以上のように、大拙とシュタイナーの理解には大きな隔たりがあるように見えます。その原因と構造を明らかにしなければなりませんが、民族性の問題に焦点を当てるとそれがある程度可能になると思われます。シュタイナーは一九一〇年に「民族魂の使命」と題する連続講演を行い、冒頭で次のように述べています。「今回の連続講演は、わたしたちの世界観にとって決定的に重要な真理を含むものであり……。現代人の思考と感覚と感情から非常にかけはなれた霊的認識の領域に突き進んでいかなければ、わたしたちは前進できないのだということを考慮してくださるように、精神科学の世界観にあまり通じておられない方にはお願いします」[25]。この言葉は一〇〇年後の今日にもそのまま当てはまるものと思われます。

民族について語ることはしばしば危険です。民族の問題は人々の嫉妬を生みやすいからです。そこでシュタイナーは議論に入る前に「故郷喪失者」について述べています[26]。神秘学でいわれる「故郷喪失者」とは「偉大な人類の法則を認識し、把握するときに、民族が生きる場所から発するものすべての影響を受けない人間」、「故郷から発する特定の感情や感覚のニュアンスを交えることなく、人類全体の偉大な使命を受け入れる人」のことであり、神秘学的修行者はある段階でそのような状態になるのだそうです。それは最終的段階ではありません。「故郷喪失というのは……民族の本質に帰る道を見出し、人類進化において土着のものとの調和を見出す

ための まわり道」なのです。そして「今日、民族魂の使命について語ることには根拠があるのです。人々が、いままでよりもはるかに人類全体の使命のために結集するというのが人類の近未来の運命なので、個々の民族魂の使命について語ることは特別重要なのです。個々の民族の成員は、なによりも自分の民族を理解し、『民族の自己認識』と名づけうるものを理解するときにのみ、人類共通の使命に自由で具体的な寄与ができるのです。古代ギリシアのアポロンの密儀においては、『なんじ自身を知れ』という言葉が重要な役割を果たしていました。あまり遠くない将来に、『民族魂として、おまえたち自身を知れ』という言葉が、民族魂にむけて発せられるようになるでしょう」。

私たちは人間としての進化の過程でいったん民俗的な感情や感覚から自由になり、人類全体の立場に立つに至りますが、そのような道を経て再び民族の立場に戻らなければならない、というのがシュタイナーの理解です。これは大拙の日本的霊性の立場に似ています。大拙の場合も、霊性自体は普遍的で民族性を超えたものですが、霊性の目覚めからそれが精神活動の諸事象の上に現れる様式は民族によって異なるのであり、日本的霊性という立場が成り立つのです。しかしながら、大拙においては、シュタイナーのような「個々の民族魂の使命」を理解することによって初めて「人類共通の使命」に寄与できるという視点はないように思われます。

また、大拙の場合は、そもそも民族とは何かという問題意識が薄いように見えます。他方シュタイナーは、「ある土地に集まっている何百万の人々のほかに存在するなにか実在的なものが民族精神という概念の基盤になっていることを現代人の意識に明らかにするのは困難」ですが、「人間が一個の存在であるように、民族霊は一個の存在」、「民族霊はまったく実在の存在」であり[27]、「民族とは、ある一柱の大天使によって導かれる人々のグループのこと」だと述べています[28]。

しかし、大拙はそのような霊的存在の実在を認める立場を知らなかったのでもなければ、否定したのでもありません。「明治以降の仏教人の中で、大拙ほど長きにわたって欧米の霊的思想家と接触を保った人物はいない。最初にスウェーデンボルグ主義者、その後はビアトリス夫人と共に神智学協会、戦後はビート世代の霊的な求道者たち、あるいはエラノス学会を通じて同じような資質の宗教知識人たちとの接触があった」のです[29]。大拙は「スエデンボルグが神学上の諸説は大に仏教に似たり」とも述べています[30]。神智学との関係においては、大拙夫妻はアディヤール派の活動に積極的にかかわっています[31]。なお興味深いことに、「序章」の注（35頁）で触れたとおり、明治二十二年にオルコット神智学協会会長が来日したときの演説は『佛教四大演説集』として翻訳出版されましたが、その共訳者の一人が徳永（後の清沢）満之でした。

以上のように大拙はスウェーデンボルグにも神智学にも深くかかわっていたのであり、それらから多くのものを得ていたはずです。大拙はその後スウェーデンボルグについてはあまり触れなくなったようですが、それでも浄土系思想、特に真宗系思想に関する諸論文を収めた『鈴木大拙全集　第六巻』を見ますと、何回かスウェーデンボルグに言及しています[◆32]。

大拙は神智学については最初からまれにしか語らなかったものと思われますが、例えば『鈴木大拙全集　第六巻』に収められた「わが真宗観」と「真宗概論」でも言及しています。これら二編はともに昭和三十七年と三十八年に大谷大学で行われた特別講義と特別公開講座の筆記録ですが、どちらの場合も神智学でいわれるオーラに言及しています。「真宗概論」では、正覚ないしさとりの説明として、光明ということから人間の後光（光輪）に触れ、その関連として神智学のオーラを取り上げたものですが、次のように述べています。

「今日、われわれが生きておるところの、この世界と、もう一つ上の世界というか、違った世界というか、次元を異にしたところの世界というものが、われわれのこうしておる無明の生活を、裏づけておるというか、それを反映させておるというか、何かそういう明るいものがあるように感じられる。光明というものも、そういうところから出て来るものなんでしょうか。」

このような言葉を見ても、少なくとも大拙は神智学を否定したから語らなかったのではないことは明らかだと思われます。大拙のスウェーデンボルグや神智学に対する態度は、『歎異抄』の「一人」と「日本的霊性」との関係、あるいは「一人」の普遍的側面と民族的側面との関係という点でも興味深い問題ではあります。

一方、宗教と人類全体および民族との関係について、シュタイナーは次のように述べています。

「別の民族は別の民族のやり方で、キリストの教えを受け取っている」のであり、「キリストは、決してキリスト教徒だけのものではない」が、「私たちは西洋にあって、東洋ではキリストのことを別の言葉で述べていることを学ばなくてはなりません」。「諸宗教は、人間を進歩させるために、一致して働いているのです」。また「宗教という概念は、アトランティス後の時代◇にのみ意味を有する」ものであり、人間が再び超感覚的世界を体験す

◇アトランティス後の時代（ポスト・アトランティス時代）とは具体的にはBC七二二七〜AD七八九三年を指す。先に序章の中で、シュタイナーが用いる時代区分によれば、現代は第五文化期（一四一三〜三五七三）にあたることに触れたが、それはポスト・アトランティス時代の七つの文化期のうちの一つである。また、ポスト・アトランティス時代は七つの根幹時代のうちの一つであり、その根幹時代は地球進化期の一部をなし、地球進化期は更に七つの惑星状態のうちの一つとされる。31頁の注も参照のこと。

る時代になると「もはや宗教は必要ではなくなります。新しい観照は、霊的なキリスト精神をもたらします。……それは、もはや宗教がなくなるときにも、人類の最も重要な衝動の一つであることでしょう[33]。」

このようなシュタイナーの認識は、親鸞の「一人」の歴史的意義を考える上で重要な示唆を与えてくれるように思われます。仏教とキリスト教との歴史的関係、さらには宗教という概念の歴史性という観点も必要になるでしょう。シュタイナーが行っている諸民族の詳細な検討からもおそらく多くの示唆が得られるはずです。しかし、いまは取り敢えずこの程度にして、先に述べた民族について語ることはしばしば危険であり、民族の問題は人々の嫉妬を生みやすいという点に関して、ごく簡単に考えておきたいと思います。

「序章」でヘルマン・ベックの仏教観に触れました。ベックはキリスト教成立以後の仏教には興味を示しません。そこには西洋の立場やキリスト教の立場というものが認められます。他方、多くの日本人は東洋、特に日本の立場に、また仏教、特に大乗仏教の立場に立脚するほかありません。現代の日本の大乗仏教の立場から大乗仏教の成立時点まで遡っていきますと、ベックのいうようにキリスト教の誕生に出会うのかもしれません。大乗仏教が成立した契機はキリストの出現とキリスト教の誕生にあるということが言えるのかもしれません。しかしその場合、キリスト事件の重要性や影響を認識する上で大切なことは、ベックのようにキリスト以前の仏教の役割だけでなく、その後の仏教の役割や仏教の変容にも目を向けることだと思われます。それがシュタイナーの取った方法であり、生きた世界を捉えるにはそれ以外の方法はないと思われます。仏教はキリスト教の誕生によって役割を終えたというより、その内容や役割が変化したと見るべきです。

仏教を特定の民族に置き換えても同じことが言えるでしょう。特定の民族に歴史的役割と言えるものがあるとすれば、重要なことはその民族性の単なる永続ではなく、その的確な変容にあると思われます。そして、その変容は今ここに生きている私たちの問題でなくてはなりません。民族にしても宗教にしても、歴史を生きるということはこの現在を生きるということ、活き活きとした変化を生きるということだと思われます。

しかしながら、現在の私たちにはややもすれば利己的自己を先に立て、その自己の保身のために民族を隠れ蓑にするということがあるように思われます。民族の運命ではなく自分の運命が優先されるのです。宗教に関しても同じことが言えるのではないでしょうか。しかしシュタイナーによれば、そのような利己的自己という幻想を打ち破ることが現代の歴史的課題です。現代において民族の問題を語ることの危険とは、この利己的自己に伴う危険だと思われます。

3

# 補足的考察

親鸞は「親鸞一人がため」というように、自分のことを「私」ではなく「親鸞」と呼んでいます。佐藤正英は『歎異抄』の本文中にこの用例が多いのは、『歎異抄』の大部分が会話体でしるした語録であることによる、と述べています。[34] しかし、それだけではないように思われます。

例えば、『教行信証』の総序や信巻の序にも「愚禿釈の親鸞」とあります。確かに『教行信証』の後序には「予はその一つなり」と書かれていますが、まれな例だと思われます。他方、親鸞が『教行信証』の中に引用している経典や注釈書には、親鸞のように自称している例はほとんど見当たりません。このことは何を意味しているのでしょうか。

私たちは一般に話し言葉においても書き言葉においても、親鸞のように「私」の代わりに自分の名前を使うことはありません。まだ自我がはっきり芽生える前の幼児期には自分を三人称で呼ぶことがありますが、これと親鸞の「親鸞」が同じということはあり得ません。

親鸞の自称「親鸞」に関しては、吉本隆明が『最後の親鸞』で指摘している親鸞における「相対化」という問題が参考になるかもしれません。吉本は次のような例を挙げています。「このうへは、念仏をとりて信じたてまつらんとも、またすてんとも、面々の御はからいなり」（『歎異抄』第二条）――念仏思想あるいは絶対他力そのものを再び対象化し、相対化している（33頁など）。「親鸞もこの不審ありつるに、唯円房おなじこころにてありけり。……」（『歎異抄』第九条）――このような応えは、浄土―時衆系の思想家にはまったく不可能なことであり、親鸞の思想をそれらと分かつものは、本願他力もまた相対化されねばならないという点にあった（76〜79頁）。

吉本が指摘する親鸞の「相対化」の核心は「自己相対化[35]」です。そして、この「自己相対化」の一つの表れが親鸞の「親鸞」ではないかと思われるのです。「親鸞は弟子一人ももたず候ふ」（『歎異抄』第六条）にも「自己相対化」の匂いを感じ取ることができるかもしれません。「浄土真宗に帰すれども／真実の心《しん》はありがたし／虚仮不実《こけふじつ》のわが身にて／清浄の心もさらになし」という正像末和讃《しょうぞうまつわさん》の悲嘆述懐讃にも、親鸞の「自己相対化」を読み取ることができるでしょう。悲嘆述懐ではありますが、そこには自分を相対化する客観的な眼があります。「親鸞」と呼ぶもう一人の親鸞の眼があります。

次に、「一人」に関連して、親鸞は『教行信証』行巻で、「仏は慈悲の眼で衆生を平等に、まただ一人の子供のようにご覧になる」という言葉を源信の『往生要集』から引用しています[36]。同じく信巻では、「また、仏性を一子地《いっしじ》◎というのである。なぜかというと、菩薩は、その一子地の位にいたるから、すべての衆生をわけへだてなく平等にながめることができるのである」という『涅槃経』の言葉を引用しています[37]。

このような親鸞の引用と『歎異抄』後序の「親鸞一人がためなりけり」とを比較しますと、前者は仏の立場から、後者は凡夫の立場から述べられた言葉ということができるでしょう。

また、凡夫の立場の「一人」は「私」と言い換えることができ、さらにその「私」の構造を問うことができるでしょう。シュタイナーの説はこの点で非常に参考になると思いますが、残念ながら紙幅の関係でここでは割愛せざるを得ません[38]。

## 4 まとめとして（シュタイナーの視点から）

ここでは、この章の議論をシュタイナーの視点からごく簡単に振り返っておきたいと思います。

「一人がため」は親鸞にとって極めて重要なことがらであり、それは浄土真宗の極意ならびに日本的霊性の発現を示すと言うことができるでしょう。しかし、それは真宗独自の特徴というより、広く宗教一般の成立に当てはまるものと見られます。

シュタイナーの視点からしますと、親鸞の「一人」は単なる自我ではなくそれを意識する意識としての「自己意識」の覚醒を意味します。そして、その自己意識の覚醒と発達が今日の歴史的課題です。親鸞の「一人」が（日本的）霊性の発現であるということの重要性は、それが永遠不変のものではなく、現代にかかわる具体的歴史的できごとであるという点にあります。

親鸞の仏教の特徴の一つは、（第四章での考察を若干付け加えますと）二種の法身（真仏・方便仏）の立場に立ち、方便法身を本尊とする点にあります。これは絶対界に対して相対界を重視するシュタイナーの立場と類似しており、親鸞の仏教が具体的歴史的であることの一つの側面です。

親鸞の仏教のもう一つの特徴は現在中心性です。ただし、これは従来の浄土教に対しての特徴であって、それによって親鸞の仏教はかえって大乗仏教の真髄に返ったと言うことができま

◇一子地とはあらゆる人びとをわが子のように愛する菩薩の境地のことで、真宗では歓喜地《かんぎじ》の境地とされる。菩薩の階位（菩提心〈さとりを求める心〉を起こしてから仏果〈さとり〉に至るまでの段階）については、古来、瓔珞本業経《ようらくほんごうきょう》の五十二位説が広く用いられ、十信・十住・十行・十廻向・十地の五十段階を経て、仏にほぼ等しい段階の等覚《とうがく》、仏位の妙覚《みょうがく》に至ると説かれている。このうち四十一位にあたる初地（十地の第一段階）が歓喜地と呼ばれ、念仏の行者の往生が定まる位とされる（以上、瓜生津・細川編『真宗小事典』「菩薩」の項による）。また、『浄土真宗聖典（註釈版）』には「三界の衆生をわがひとり子とおもふことを得るを一子地といふなり」という解釈が挙げられている（573頁）。

す。この現在中心性もシュタイナーの立場と同じです。

親鸞の仏教の真の特徴はこのような具体的歴史性と現在中心性の融合に見ることができます。西田幾多郎は真宗のこの特徴に期待したものと考えられますが、具体的歴史性と現在中心性はシュタイナーの立場でもあり、ここにシュタイナーの視点から見た親鸞の仏教の魅力がありますす。

また、親鸞の「一人」は絶対他力と一つになった、自力即他力・他力即自力の、仏凡一体の「自分」ないし「私」です。そこに生まれるのが名号であり、また物事がわかるということです。シュタイナーの視点からしますと、物事がわかるということは思考の働きにより、思考の働きは人間の霊性（精神的要素）により、霊性はいわば絶対他力の世界であると言うことができるでしょう。一方、思考はまた具体的歴史的働きであり、思考を重視する立場は現在中心の立場でもあります。

親鸞の仏教が具体的歴史的であるということは、仏凡一体における凡夫の立場ということでもあります。「一人」の覚醒は自己のあり方の転換を要請しますが、その転換に仏教史上初めて他力仏教の道（在家仏教の道）を開いたのが法然・親鸞であり、それは偉大な功績です。シュタイナーの視点からしますと、通常の日常生活を営みながら霊的世界に目覚める道は今日の時代的要請であり、その要請に応えることがシュタイナーの活動の目的でした。

他力仏教の凡夫の立場の背後には末法史観があります。それは親鸞の仏教が具体的歴史的であることの一面ですが、それは親鸞の仏教が時間だけでなく場所にも制約されることを意味します。日本的霊性の日本的ということが問題になります。シュタイナーの思想も、時間的歴史的制約のほか、西洋という場所的制約も受けているはずです。大拙が述べているように、鎌倉新仏教における日本的霊性の覚醒が、仏教の移植というより、仏教の渡来に触発された日本に本来的な霊性の覚醒を意味しているなら、シュタイナーの思想に関しても、それが日本で意味をもつためには、単に移植されるのではなく、それによってこれまで眠っていた本来の日本的なものが目覚めるのでなくてはならないでしょう。

そこで民族性の問題に目を移しますと、シュタイナーによれば、進化の過程で人間はいったん民族的な制約から自由になり、人類全体の立場に立つことが求められますが、それを経て再び民族の立場に戻る必要があります。なぜなら、民族は人類全体の歴史的課題に貢献すべきそれぞれの使命を負っているからです。

民族の問題を考えるときには、利己的自己にとらわれ嫉妬を生みやすいことに注意しなければなりませんが、重要なことは民族性の単なる保持ではなく、現在中心の立場に立って、その歴史的変容を的確に捉えることにあると思われます。

なお、親鸞が「親鸞」と自称していることに注目しますと、そこに親鸞の自己相対化を見てとることができると思われます。自己相対化とは仏凡一体の仏の立場と凡夫の立場を自由に往き来することを意味するでしょう。「一人」も仏の立場に立てばかけがえのない「ひとり子」であり、凡夫の立場に立てば「親鸞一人がため」です。シュタイナーの視点からしますと、本書では割愛せざるを得ませんが、「一人」の具体的構造を考察することが重要になります。

「第一章」の注

1◆『浄土真宗聖典　唯信鈔文意（現代語版）』3頁。

2◆『浄土真宗聖典（注釈版）』1336頁。

3◆西田幾多郎「場所的論理と宗教的世界観」、上田閑照編『西田幾多郎哲学論集Ⅲ』岩波文庫、362〜363頁。

4◆同前、367頁。

5◆西田幾多郎「愚禿親鸞」、上田閑照編『西田幾多郎随筆集』岩波文庫、158頁。

6◆鈴木大拙『日本的霊性』岩波文庫、86頁。

7◆西田幾多郎「場所的論理と宗教的世界観」、前出301頁。

8◆鈴木大拙、前出18頁。

9◆シュタイナー『神智学』「人間の本質」の「四　体、魂、霊」。

10◆上田義文『親鸞の思想構造』21頁。

11◆竹村牧男『西田幾多郎と仏教』52〜54頁。

12◆鈴木大拙「真宗概論」『鈴木大拙全集第六巻』413頁。

13◆同前、413頁。

14◆同前、405〜406頁。

15◆同前、416〜417頁。

16◆同前、420〜421頁。

17◆上田義文、前出28〜29頁。

18◆同前、155〜156頁。

19◆同前、157頁。

20◆鈴木大拙、前出、423頁。

21◆鈴木大拙『日本的霊性』24頁。

22◆同前、24頁。

23◆シュタイナー『ルカ福音書講義』76〜77頁。

24◆鈴木大拙『禅』ちくま文庫、120〜121頁。

25◆シュタイナー『民族魂の使命』12〜13頁。

26◆同前、13頁以下。

27◆同前、15〜16頁。

28◆同前、26頁。

29◆吉永進一「大拙とスウェーデンボルグ　その歴史的背景」、京都宗教哲学会編『宗教哲学研究』第二二号（二〇〇五年）所収。

30◆鈴木大拙「スエデンボルグ」の「第一　緒言」、『鈴木大拙全集第二十四巻』所収。

31◆神智学協会は南インドのアディヤールに本部を置くアディヤール派とアメリカのサン・ディエゴに本部を置くポイント・ローマ派に分裂したが、明治末年にはすでにポイント・ローマ派の日本支部が積極的な活動を見せており、大正九年にはアディヤール派の支部として「東京国際ロッジ」が結成された。結成当時のアディヤール派日本支部の会員は二十一名で、その中に大拙夫妻とビアトリス夫人の母親も入っていた。その後、大拙は支部の会長にも就任しており、京都に移ってからも大正十三年に夫妻でロッジを再結成し、大谷大学や龍谷大学の関係者を集めて活動を続けている(以上、前出、吉永進一による)。

32◆ここでの大拙の関心はスウェーデンボルグが描いた天上の生活や相応説(コレスポンデンス)にあるが、次のような理解については検討の余地があると思われる。「スエデンボルグによると、天国でも霊的生活の進展がある。それは、天国は此土の継続にすぎないからである。天国と此土との間は何等不可超の間隔がない、地続きであるから、死後の生活は彼処で送る。つまり、死そのものもないのである。これを彼は不生不死と云う。……基督教者一般の所信は、天国は死後のもので、此世から続くものなのである。これに反して、仏教者の浄土は此土の連続ではない。彼土と此土とは絶対の矛盾であるから、その間に連続性は認められぬ。而してこの矛盾懸絶の故に両者の自己同一を説き得るのであるから、彼より此、此より彼へのわたりは、『横超』でないと可能でない。『横超』とは、非連続の連続である。」問題の一つは大拙の「霊的生活」の理解にあると思われる。此土から天国へと続くものがあるとすれば、それはもちろん肉体や肉体に依存する知覚活動などではなく、「霊的生活」を営むものでなくてはならない。そのときに注意しなくてはならないのは自己意識の問題である。通常の自己意識は肉体と一体となっており、肉体を自分だと自覚している。此土から天国へと続く自己意識があるとすれば、そのような肉体と一体化した自己意識ではないはずである。他方、「霊的生活」が肉体を離れた生活であるとすれば、「霊的生活」を営む自己意識が天国へと継続していくことに不思議はない。ただしその場合は、此土から天国へと続いていくのではなく、此土と天国が一つになっている、「霊的生活」は此土においてすでに天国の生活を送っている、ということが言えると思われる。スウェーデンボルグのコレスポンデンスもそのような意味に取ることができよう。大拙が「天国と此世との間に絶対の非連続がある」という場合に、「絶対の非連続」もまた一つの関係であって、無関係を意味するものではない。それは「相互矛盾的自己同一」という関係を示している。

問題は「霊的生活」や「非連続の連続」「相互矛盾的自己同一」などの関係が成り立つことにあると思われる。そこにおいて初めて——此土と天国とが連続しているかどうかということではなく——永遠の問題に触れることができると思われる。なお、ここで引用した大拙の理解（「浄土系思想論」の「浄土観・名号・禅」の「十二」）は大拙のそのときのものであって、必ずしも生涯一貫しているということではない。

33◆シュタイナー『イエスを語る』所収「マタイによる福音書講義」第12講の「神智学の役割」、シュタイナー『聖杯の探求』30頁および44～45頁。

34◆佐藤正英『歎異抄論註』481頁。

35◆吉本隆明『最後の親鸞』151頁。

36◆浄土真宗教学研究所編纂『顕浄土真実教行証文類（現代語版）』105頁。

37◆同前、206頁。

38◆シュタイナーが説く「私」の構造については、『滝沢克己からルドルフ・シュタイナーへ』、『いのちの声を聞く』所収の拙論「シュタイナーの世界観と『十牛図』」、『シュタイナーから読む池田晶子』でも取り上げた。

# 第二章 「悪人正機」について

## 1 「悪人」とは誰か

「善人なおもつて往生をとぐ。いはんや悪人をや」（『歎異抄』第三条）もまた非常に有名な一句です。初めて聞けば耳を疑うような衝撃的な逆説ですが、親鸞は続けてその意味を丁寧に説明しています。「そのゆゑは、自力作善《さぜん》のひとは、ひとへに他力をたのむこころかけたるあひだ、弥陀の本願にあらず。」つまり、「善人」と「悪人」とはそれぞれ「自力作善のひと」と「ひとへに他力をたのむ」ひとであり、「自力作善」の「善人」は弥陀の誓願の対象ではないというのです。

さらに、「煩悩具足のわれらは、いづれの行にても生死《しょうじ》をはなるることあるべからざるを、あはれみたまひて、願をおこしたまふ本意、悪人成仏のためなれば、他力をたのみたてまつる悪人、もつとも往生の正因《しょういん》なり。」つまり、「悪」の根源は「煩悩」にあり、その煩悩から離れられず他力をたのむほかない「悪人」を救うことこそが弥陀の本願の本意だというのです。

これで冒頭の一句の意味は一応理解できます。悪人とは自力で煩悩を除くことのできない者のことであり、弥陀の本願とはまさしくそのような悪人を成仏させたいという誓願であるから、弥陀の本願のほか頼るもののない悪人こそ往生の条件にかなっているのです。

しかし、いくつかの重要な前提を踏まえなければこのような説明に納得することはできないでしょう。例えば、「善人なおもつて往生をとぐ」とはどういう意味でしょうか。そこには、「自力のこころをひるがへして、他力をたのみたてまつれば」という条件がついています。つまり、「善人なおもつて往生をとぐ」といっても、「善人」がそのまま往生できるというのではなく、「自力作善のひとは、ひとへに他力をたのむこころかけたる」その間は◆1「弥陀の本願にあらず」、つまり「善人」は心を改めて「悪人」にならなければ往生できない、というのです。しかも、親鸞の主著『教行信証』のすでにその総序に「世雄《せおう》の悲《ひ》まさしく逆謗闡提《ぎゃくほうせんだい》を恵まんと欲《おぼ》す」とあります。「悪人」といっても、五逆《ごぎゃく》◇と謗法《ほうぼう》◇と一闡提《いっせんだい》◇という三機の「極悪深重《ごくあくじんじゅう》の衆生」（信巻）こそが弥陀の本願の対象とされているのです。

ここには親鸞の宣言ともいうべき独自の主張と自信を見て取ることができます。漢訳『無量寿経《むりょうじゅきょう》』の法蔵《ほうぞう》菩薩の第十八願には、「ただ、五逆（の罪を犯すもの）と正法を誹謗するものを除かん」◆2という有名な一節があります。これは梵文には見られないもので、中国で付加されたとする見方もあるようですが、いずれにしても親鸞が読んだのは漢訳であって梵文ではあり

◇ 五種の重罪。親鸞はさらに広い意味でも使っているということであるが、一般には、父を殺すこと、母を殺すこと、阿羅漢の聖者を殺すこと、仏の身体を傷つけて出血させること、僧団の和合を破壊すること。

◇ 仏の教えを謗ること。

◇ 正法を信じず、さとりを求める心がなく、成仏の素質・縁を欠く者。

ません。親鸞は「『唯除五逆誹謗正法《ゆいじょごぎゃくひほうしょうぼう》』というのは、『唯除』というのは『ただ除く』という言葉であり、五逆の罪を犯す人を嫌い、仏法を誹る罪の重いことをしらせようとしているのである。この二つの罪の重いことを示して、すべての世界のあらゆるものがみなもれることなく往生できるということを知らせようとしているのである」（傍点は引用者）と述べています。[3]これは「悪をもおそるべからず、弥陀の本願をさまたぐるほどの悪なきゆゑに」（『歎異抄』第一条）とも符合する解釈ですが、「唯除五逆誹謗正法」をこのように読むことは通常は難しいでしょう。親鸞は第十八願の「唯除五逆誹謗正法」を明確に無視ないし否定しているのです。

背景には親鸞独特の人間観があります。「煩悩具足のわれらは、いづれの行にても生死をはなるることあるべからざるを」という言葉には強い自己意識と絶望感が表れています。岩倉政治も次のように述べています。「『悪人』とは、親鸞が人間の我執を反省したあげくに見出した、自覚的な人間観であって、『のがれがたい悪を意識した人』、『てってい的に罪びとであることを意識した人』、その意味で『絶望の人』であります。[4]」

さらに、このような人間観に基づく親鸞の「悪人正機」は法然の立場との違いを示す宣言でもあります。岩倉の言葉を借りると次のとおりです。「法然は、なるほど『選択本願念仏集《せんじゃくほんがんねんぶつしゅう》』によって「悪人」往生の教義を立て、既成の貴族的反人民的仏教に大変革を与えましたが、しかもなお、彼の立場は、『善人往生』を第一にみとめた上で、『悪人』も往生できるというのであって、『悪人』こそというのではありません。[5]」（傍点は原著者）つまり、『歎異抄』第三条の「しかるを世のひとつねにいはく、『悪人なほ往生す。いかにいはんや善人をや』。この条、一旦そのいはれあるに似たれども、本願他力の意趣にそむけり」には、ほかでもない法然の教えも含まれると考えられます。

ここで、遠藤周作の『沈黙』を批判した粕谷甲一神父の興味深い論考に触れておきたいと思います。[6]粕谷の関心の中心は、遠藤が提示したキリスト教の浄土真宗化とカトリックのプロテスタント化という神学的課題にあります。浄土真宗化というのは「悪人正機」の問題であり、踏み絵と転びにかかわる問題です。従来のキリスト教の表舞台では、踏み絵を踏まずしてみごとに殉教するといったような強い人間をたたえがちであったとして、踏み絵を踏んで転びの苦汁を味わうことにより神の救いにあずかる道を強調するのが、真宗化です。

粕谷は「もし掟を守ることによって、みずからを義として、他をないがしろにする如き者はそのセルフ・ジャスティフィケイションの故に、神の前に拒否され、他方掟を守り得ぬ弱さの故に、苦しむ人が一途に神の愛によりすがる時、救われるということは聖書のたとえ（ルカ十八章九節以下）を見ても明らかであろう。しかしこのことは転んだ方が救われやすいということを意味するのではない。……ファリサイ的態度を拒否せんとして、踏んだ足の痛みをもっておのれを義とするならばそこに同じセルフ・ジャスティフィケイションをくりかえしているのである。……ここの一歩をあやまると、わざと転落して神の慈愛をおびき出してやろうという如き、驚くべき神に対する反逆を犯すこととなる」と述べています。セルフ・ジャスティフィケイションの問題は、悪人正機の教えを誤解して、欲望のままに悪事をはたらいても救われると弥陀の本願を誇る、いわゆる「本願ぼこり」の問題に該当するでしょう。
粕谷が指摘しているルカ福音書の十八章九節から十四節には次のようにあります。

自分を義人だと自任して他人を見下げている人たちに対して、イエスはまたこの譬をお話しになった。「ふたりの人が祈るために宮に上った。そのひとりはパリサイ人《びと》であり、もうひとりは取税人であった。／パリサイ人は立って、ひとりでこう祈った、『神よ、わたしはほかの人たちのような貪欲《どんよく》な者、不正な者、姦淫《かんいん》をする者ではなく、また、この取税人のような人間でないことを感謝します。／わたしは一週に二度断食しており、全収入の十分の一をささげています。』／ところが、取税人は遠く離れて立ち、目を天にむけようともしないで、胸を打ちながら言った、『神様、罪人《つみびと》のわたしをおゆるしください』と。／あなたがたに言っておく。神に義とされて自分の家に帰ったのは、この取税人であって、あのパリサイ人ではなかった。おおよそ、自分を高くする者は低くされ、自分を低くする者は高くされるであろう[◆7]」。

聖書のこの箇所で述べられていることは、「善人なおもつて往生をとぐ。いはんや悪人をや」という親鸞の言葉とよく一致しているように見えます。そこに潜む「本願ぼこり」の危険性もまた共通しているように見えます。しかしながら、次章で触れるように、親鸞の他力仏教においては許す・許されるという関係は成立しない、というのが上田義文の極めて重要な指摘です。親鸞の仏教においては「わたしをおゆるしください」という言葉が発せられることはないというのです。この「わたしをおゆるしください」という言葉が「自分を高くする者は低くされ、自分を低くする者は高くされるであろう」という言葉と連動している点に注目しますと、この場合の「わたし」は親鸞の「一人」ではないことに気づかされます。親鸞の「一人」は高いも低いもない絶対の「一人」であり、しかもその「一人」は仏と相対しているのではありません。その「一人」はもはや一人ではないのであり、許す仏も、懺悔して許される一人もいないのです。

親鸞の仏教においては独善的・利己的な「セルフ・ジャスティフィケイション」も神による公正な「ジャスティフィケイション」も問われることはありません。そのジャスティフィケイションが問われないところに溢れ出てくるのが感謝の気持ちなのではないかと思われます。

ただし、そのような感謝の気持ちが溢れ出てくるのは信心を獲得したときであり、そこには「転ずる」ということがなくてはなりません。ここには「無条件」の問題が絡んできます。つまり、絶対他力の救いは無条件の救いでなければならないという考え方の問題です。しかし、谷口雅晴も述べているように、「仏の慈悲の方から云えば絶対無条件であり、既に救ってしまっておられるのでありますけれども、救われる方から云えば無条件ではあり得ない」[8]ということが言えるでしょう。

さて、転ずる前と後では違いがあります。転ずるということは等しくすべての人に与えられた可能性ではあっても、必ずしも容易に為し得るものではありません。私たちは煩悩具足の凡夫であり、真宗は凡夫のための宗教だといっても、宗教は転じなければ成立しません。親鸞の世界も転じた世界であり、仏凡一体の世界です。親鸞の「一人」は転じて信心を獲得したときに生れる「一人」です。

これは粕谷のもう一つの関心事であるカトリックのプロテスタント化と関連のある問題です。「プロテスタンティズムの義認とカトリックの義化という問題がクローズアップされてくる。義認ということが、人間側の変化を求めるということなしに、神が義と認め給うことをいい、義化という事が、人間側の実質的変化を前提として、神がゆるし給うこと、ととるならば、後者は確かに強きものを救い弱き者をしりぞける救済論となるであろう。従って著者自身が今、眼前に踏絵を出されたら、踏むであろうという自己の内的状態を感じつつ、同時にその心がキリストを救い主として求める時、そこに見出される救いは、義認であって、義化ではなく、その意味で、プロテスタント化ということがいわれたのであろう」と粕谷は述べています。

人間の側に変化を求めるカトリック（義化）と求めないプロテスタント（義認）という構図は、自力仏教と他力仏教との関係に一見似ているように見えます。しかし、いま見ましたように親鸞の仏教においては転ずるということがなくてはなりません。また、それは煩悩具足の凡夫のままにということであって、凡夫でなくなるということではありません。凡夫のままで喜びが湧き出てくるのです。プロテスタントの義認ということにも、あるいは同様のことが当てはまるのでしょうか。

他方、遠藤周作が提起したそのようなプロテスタント化という問題に対して、粕谷は次のように答えています。「姦淫した女がとらえられた時、イエズスはその顔を見ることすらせず、地面に字を書きながら、かばい給うた（ヨハネ八章十一節）。そして石を投げんとした者がすべて立ちさった時、主御自身も『私も汝をとがめない。しかし再び罪をおかさないように』とはげまして見送られたのである。そのやさしい愛のまなざしは、その弱さを深く理解することによって、転んでもいいと語られたのではなく、その愛の故にこそ、立ちあがるようにという希望とはげましとを与え給うのである。」

粕谷はカトリックにおいても「人間側の実質的変化」が前提になっているのではない、遠藤が描いたプロテスタントの義認とカトリックの義化という構図は必ずしも当てはまらない、と理解しているものと思われます。この場合、神の救いが人間の側の変化を前提とするものではないということには、いわゆる自力仏教においても自力が行き詰まり自己を脱したところに初めて救いの道が開けるのと共通のものがあるように思われます。

許す・許されるという問題についていえば、イエスは女を許したのではないし、女も許されたのではない、と言えるのかもしれません。イエスの愛は既に女を救いとり、そこには許す・許されるという関係はもはや存在しないのではないかと思われます。女の顔を外に見るまでもなく、それは既にイエスの内なる存在なのではないでしょうか。罪が消えるわけではない、その意味で許されることはないということは女にもよく解っていたはずです。しかし、それでもなおなぜか希望が湧いてくる、立ち上がることができる、それが粕谷のいう主の「愛」の意味だと思われます。そのとき女は親鸞の意味で「転じ」たのではないでしょうか。女ばかりではなく、石を投げんとした人々もまた深く自己に出会い「転じ」への道を帰っていったのではないかと思われます。

もっとも、弥陀仏が数ある仏の一つとして、他はおいて「悪人」だけを往生させるべき役割を分担しているというのであれば話は別です。しかし、親鸞の弥陀仏はそのようなものではないでしょう。上田は次のように述べています。◆9

「弥陀の願心は逆謗闡提《ぎゃくほうせんだい》を摂取する」という親鸞の説は「法然の選択本願の念仏を承けて、親鸞がはじめて明らかにした仏教の真理である。」「大乗仏教一般の考えから言えば、一切の衆生は仏に成ることができるのであり、仏の教えに従って修行に励み、煩悩を断ずるならば、誰でも悟りを得ることができると説かれている。これは言うまでもなく自力で修行する場合のことである。他力教の場合は、弥陀の願力にたすけられて仏になるわけであるが、その場合も『大無量寿経』の第十八願には『十方衆生』すなわち一切の衆生が願の対象とされており、罪悪深重の者とは限定されていない。……なぜ親鸞は『悪人』しかも『極重悪人』（正信偈）と限定したのか。……この問題は、簡潔な叙述で『歎異鈔』にも現れている。第一条には『弥陀の本願には老少善悪のひとを簡《えら》ばれず』とあり、それに続く文において『罪悪深重《ざいあくじんじゅう》・煩悩熾盛《ぼんのうしじょう》の衆生をたすけんがための願にまします』と説かれている。」

『歎異抄』の第一条には、『無量寿経』の第十八願で一切の衆生が弥陀の誓願の対象とされているとおり、『弥陀の本願には老少善悪のひとを簡ばれず』とありながら、しかもそれは『罪悪深重・煩悩熾盛の衆生をたすけんがための願にまします』と一見矛盾したことが述べられています。

なぜ親鸞は「悪人」しかも「極重悪人」に限定したのか、上田はこの疑問に次のように答えています。

「世の中には善人も悪人も居るというのは、他人と自分とを比べながら道徳的判断を下しているのである。……しかし親鸞が極悪人という場合は、他人と比べて悪人と言っているのではなくて、自己の本質を、自己の内へ深く省みて、言っているのである。……親鸞が悪人と言っている場合は、内へ深く入ることによって、そういう道徳の次元を突破して『善も要にあらず、悪もおそれなし』と言える本願海に達して、仏智を恵まれて、その照明の下に自分を見て言っているのである。……親鸞の『悪人』というのは、殺人とか強盗とか詐欺とかのような一つ一つの悪行を為した者をも、もちろん含むが、それだけでなく、人間性そのものが、その根本から悪であるということを意味している。親鸞が悪人と言うのは、簡単にいえば人間は誰も『煩悩を具足している』からであり、そして親鸞の言う煩悩という言葉は、人間における最も根本的な本性を意味している。◆10」

親鸞の「悪人」は、他人との比較ではなく自己を深く省みたとき、煩悩こそ人間の最も根本的な本性であり、人間が本性的に悪であることを認めざるを得ないことを意味している、というのが上田の理解です。つまり、「老少善悪のひとを簡ばれず」と「罪悪深重・煩悩熾盛の衆生をたすけんがための願」との矛盾を解く鍵は人間が本性的に煩悩具足の悪であることにある、というのです。これは先に述べた親鸞の人間観における自己意識と絶望感と同じことであり、親鸞が「『唯除五逆誹謗正法』というのは……すべての世界のあらゆるものがみなもれることなく往生できるということを知らせようとしているのである」と解釈した意味を説明しているということができるでしょう。

ここまでの考察を踏まえますと、「善人なおもつて往生をとぐ。いはんや悪人をや」は「煩悩具足を本性とする人間はすべて悪人であるのに、それも知らず自分を善人だと思っている（善）人でさえ往生できるのに、自分が悪人であることをよく自覚している（悪）人が往生できないはずはない」ということになります。

## 2 「悪人」と「一人」

しかしながら、本当の問題はここから始まるように思われます。一般に「煩悩具足の凡夫」と言われます。親鸞の場合、なぜ「凡夫」ではなく「悪人」、しかも「極悪人」なのでしょうか。上田が述べているように、「弥陀の願心は逆謗闡提を摂取する」という説が親鸞によってはじめて明らかにされた仏教の真理であるということは、それによって真の他力仏教が成立したという意味でしょうが、しかしいったい何が新しく明らかにされたのでしょうか。『無量寿経』の第十八願には「十方衆生」すなわち一切の衆生が願の対象とされているのに、なぜ親鸞においては「悪人」しかも「極重悪人」なのでしょうか。

その答えは親鸞の「一人」にあると思われます。その「一人」との出会いこそ、親鸞の新たな発見であり、また現代につながる親鸞の魅力なのではないでしょうか。換言すれば、現代人は「悪人正機」に惹かれるのではなく、その背後にある強固な「一人」の自覚に惹かれるのではないでしょうか。上田は「親鸞が悪人と言っている場合は、内へ深く入ることによって、そういう道徳の次元を突破して『善も要にあらず、悪もおそれなし』と言える本願海に達して、仏智を恵まれて、その照明の下に自分を見て言っている」と述べていますが、それが「一人」の状態なのだと思われます。この「一人」は多や他に対する相対的な一人ではありませんが、また自他を超えて仏と相対する一人でもありません。本願海に達してそれと一味になった「一人」なのです。

弥陀にとってその本願を疑うほどの悪はないはずです。先に『教行信証』総序の「逆謗闡提」や『無量寿経』第十八願の「唯除五逆誹謗正法」に関する親鸞の解釈に触れましたが、その中心は「謗法」だと思われます。それは弥陀を根本的に否定することになるからです。『教行信証』信巻にも「正しい法を謗る罪がもっとも重い」という言葉が曇鸞の『往生論註』から引用されています（『顕浄土真実教行証文類（現代語版）』313頁）。しかし、本願海に達してみると、弥陀の本願はそのような根源悪のためにこそあったのだとわかるのではないでしょうか。なぜなら、信心を獲得するということはこの根源悪を突破することにほかならないからです。人はこの根源悪から出発するのでなければ「一人」に達することはできないのであり、それが「極重悪人」の意味だと思われます。つまり人は「極重悪人」にならなければ、そしてそれを超えなければ「一人」にはなれず、救われないのであり、その意味で、弥陀の本願は「極重悪人」にこそかけられているのでなければならないと思われるのです。

これは「一人」の構造にかかわる問題であり、シュタイナーの世界観がその解明に役立つと思われます。親鸞の「一人」の意識はシュタイナーが「自己意識」と呼んだものに近いと思われますが、シュタイナーの「自己意識」は人の中にある時から徐々に覚醒する意識です。それは自分を自分と呼ぶ単なる自我意識ではなく、その自我意識を意識する意識です。人は幼児期のあるときに自分を他人や一切の他のものから区別して「私」と呼ぶようになります。それはまだ単なる自我意識です。やがて十代の後半から二十代に入る頃には、その自我意識を意識して、自分に悩むようになります。それが「自己意識」の覚醒です。そこには、「本願海に達して、仏智を恵まれて、その照明の下に自分を見」るということに類比できるような事態が生じており、自分の中に「自己意識」が目覚めるということは、ある意味で本願海に達したということ、あるいは、仏智を恵まれ、その光によって目が開かれたということを意味するものと思われます。この「自己意識」の覚醒はいわゆる悟りではありませんが、悟りへの最初の一歩ということができるものと思われます。

この「自己意識」の覚醒がある時に起こり、一定の経過をたどるということは、そこには上田が指摘している「時」の問題があるということです。◆11 この「時」は人類の歴史的時間でもあります。シュタイナーの理解によれば、人が自己意識に目覚めるという現象は、歴史のある時に始まり、一定の経過を経て次の段階に移っていく一過性のものです。人が成長のある段階で「自己意識」に目覚めるのに似たことが、人類の進化においても見られるというのです。シュタイナーの「自己意識」の重要性は歴史的・時間的な意味を含んだものです。それは時間を超えた永遠不変の重要性ではなく、歴史的ないまここにおける重要性です。そのようなシュタイナーの理解に従えば、親鸞の「一人」の発見の重要性は時代の要請ということにあります。私たちは時代の要請を受けて存在しており、私たちがいま親鸞あるいは『歎異抄』と出会うということの背景にも時代の要請があります。そして、その時代の要請こそ「自己意識」の覚醒であり、「一人」の発見なのです。

また、上田は「真実で清浄なのは如来の心のみ、衆生は不真実で不浄であるという徹底した二元論は親鸞の教の根本的な特徴である」が、その「徹底した二元論において、相互否定的に背反するこれらの二者がその相反にも拘らず、というよりもむしろ相反の故に却って、一つに結びつくという論理的構造を持っている」と述べています。◆12 そのような親鸞の思想の特徴と論理的構造の核心もまた「一人」の自覚にあると思われます。「一人」の自覚は相対的な「一人」の自覚として始まります。「徹底した二元論」として始まります。しかし、それはやがて一つに結びつきます。その結びつきの構造が、弥陀の発願廻向《ほつがんえこう》であり、信心獲得です。実は、弥陀の本願によって最初から結びついていたのでなければ、信心獲得は起こり得ないはずです。禅的な言い方をすれば、本来の自己に気がつくのです。弥陀の願海に「帰入する」と言われる所以です。故郷に帰るのです。新約聖書の放蕩息子の譬え（ルカ十五章十一～三十二節）や迷える羊の譬え（ルカ十五章三～七節　マタイ十八章十二～十四節）も想起されます。

仏凡一体ともいわれます。一つに結びついたといっても、それぞれの跡形がなくなってしまうというのではありません。凡人は凡人のままで仏と一つになるのであり、そこには「一味《いちみ》」ということがあります。料理でも、さまざまな食材の個性が融合して一つの深い味わいとなります。食材が一つ加われば味も変わります。個性が全体の中に消えてしまうのではなく、一つ一つの個性が全体の味わいを深めるのです。一滴の水が海水に溶け込むときも、水の個性が消えて海水になるのではなく、一滴の水が加わって海水がさらに豊かになるのだと思われます。悪多ければ徳多しという場合でも、汚濁の水が清浄な水に変わるというのではないでしょう。弥陀の本願、救いは、すでに汚濁の水にもかけられているはずです。すでに本願がかけられているから、すでに救われているから、清浄な水になるということも可能になるのだと思われます。汚濁の水は本願によらなければ存在しないのであり、その意味で汚濁の水は本願そのものであり、本願の豊かさにほかなりません。はじめから、煩悩具足の凡夫のままで、悪人のままで、救われていたからこそ、弥陀の本願に気がつくことができるのであり、それが信心獲得ということだと思われます。

そのようにして信心が得られた凡夫には本願ぼこりということは起こり得ないはずです。自分を誇るということは、他力を忘れて初めて可能になることだからです。他力を忘れるということは自己の本分を忘れるということです。しかし、親鸞は「浄土真宗に帰すれども／真実の心はありがたし／虚仮不実《こけふじつ》のわが身にて／清浄の心もさらになし」（正像末和讃、悲嘆述懐讃）と歌います。凡夫は依然として凡夫のままです。ですが、「無慚無愧《むざんむぎ》のこの身にて／まことのこころはなけれども／弥陀の回向の御名なれば／功徳は十方にみちたまふ」（同）と歌われています。そのように惨めで恥ずべき身にも弥陀の廻向は及んでいるというのです。これはいわゆる二種の深信で、自分が救われがたい罪悪生死の凡夫であると深信すること（機の深信）と、そのような凡夫でも本願力のはたらきで必ず往生できると深信すること（法の深信）が、同時に成立しています。

話が少しわき道に逸れたかもしれませんが、親鸞の「悪」は「一人」に基づいて成り立つものと思われます。この「一人」に基づく「悪」はいわば宗教的な意味の悪ですが、上田は「道徳的意味の悪も、宗教的意味の悪につながっており、道徳的悪の背後あるいは根柢には宗教的悪がひそんでいる。だから親鸞の場合、この二つをはっきり分けることはむつかしい。こういうわけで、悪人という自覚には、道徳（悪を為すなかれ）が十二分に含まれており、それが『无《む》慚《ざん》无《む》愧《ぎ》にて果てぞせん』という強い慚愧の心となって現われているのである」◆13と述べています。その場合、宗教的ということと道徳的ということとの違い、両者の基準の違いを明確にする必要があるでしょう。しかし、親鸞の場合は基準は一つ、如来しかありません。しかも、「善悪のふたつ、総じてもつて存知せざるなり」「煩悩具足の凡夫、火宅無常の世界は、よろずのこと、みなもつてそらごとたはごと、まことあることなきに、ただ念仏のみぞまことにておはします」（『歎異抄』後序）という立場です。

これは要するに「一人の立場」ということができると思われます。上田は「自己が極悪人であることを知ったということは、即ち自分の心（凡心）が仏心と一つになることによって得られる仏智によって自分を見るからである。この仏心・凡心一体の心は、自分を省みては、無慚無愧を恥じると共に、それを摂取して捨て給わぬ大悲に感謝する」[14]と述べています。ここには「一人」の構造が示唆されています。しかし、この「一人」の構造と、先に見ましたように、親鸞の思想が「徹底した二元論において、相互否定的に背反するこれらの二者がその相反にも拘らず、というよりもむしろ相反の故に却って、一つに結びつくという論理的構造を持っている」ということとの関係が問題になります。

この点、人間の構造に関するシュタイナーの説が大いに参考になると思われます。「仏心」と一つになる「凡心」とは人の心の最奥所に覚醒するシュタイナーの「自己意識」に当たるでしょう。「仏心・凡心一体の心」たる「自己意識」は自分の心(悟性や感情や欲望)を照らし出します。この「自己意識」が親鸞の「一人」だと思われますが、それはあくまでも「仏心・凡心一体の心」であって、「仏心」と「凡心」との二元論ではありません。あるいは、二元論の立場を凡心の立場、仏心・凡心一体の立場を仏心の立場とみることができるかもしれません。しかしその場合でも、凡心の立場が成り立つのは、それ以前に仏心・凡心一体の立場が成り立っているからだと思われます。

また、上田は無始以来という言葉を使い、人間性が永遠に固定されているかのように語りますが、親鸞の思想の現代性は人間性の変化や時代の要請に目を向けることによって初めて明らかになる、というのが本書の立場であることはすでに繰り返し述べたとおりです。

なお、「悪人正機」の「悪人」については、本多顕彰が述べている次のような別の要素も加味されているかもしれません。◆15

悪人というのは、自分を罪深い悪人だと思って悩んでいる人や「おまえは悪人だぞ」と言われて、そう信じこみ、仏の救いをあきらめている人のことで、前者の筆頭が親鸞自身であり、後者は農民や猟師や商人である。親鸞は流罪に処せられた越後で彼らと共に暮らしたのであったが、当時彼らは前世に罪を犯し、その罪の報いで現世においてもさらに罪を重ねる悪人とされ、永久に仏の報いにあずかれないものとされていた（それに反して、貴族は、前世にいいことをし、現世にも仏から守られ、来世も極楽へ行ける善人だと考えられていた）。親鸞は彼らこそ一刻も早く救われなければならないと思うと、自分ひとりを救おうとする情熱の幾百倍もの情熱が湧き上がるのを覚えたであろう。『歎異抄』第三条の逆説の背後には親鸞の血みどろの信仰体験が横たわっているのであり、悪人と呼ばれている気の毒な彼らが救われなければ自分も救われないでおこうという、如来の慈悲と等しい慈悲とはげしい誓いがあったであろう。

このような本多の解釈には心を動かされるものがあります。『歎異抄』第十三条にも、「海・

河に網をひき、釣をして、世をわたるものも、野山にしし〔獣〕をかり、鳥をとりて、いのちをつぐともがらも、商ひをし、田畠をつくりて過ぐるひとも、ただおなじことなり」「さるべき業縁《ごうえん》のもよほさば、いかなるふるまいもすべし」という親鸞の言葉が挙げられています。また、「屠沽《とこ》の下類《げるい》」の説明として、『教行信証』信巻には「屠《と》はいはく、殺を宰《つかさど》る。沽《こ》はすなはち醞売《うんばい》〔酒を醸造して売ること〕。かくのごとき悪人、ただ十念によりてすなはち超往《ちゅうおう》〔迷いの世界を超えて浄土に往生すること〕を得、あに難信〔信じがたいほどの尊い教え〕にあらずや◆16」とあり、『唯信鈔文意』には「屠はよろづのいきたるものをころし、ほふるものなり。これはれふし〔猟師・漁師〕といふものなり。沽はよろづのものをうりかふものなり。これはあき人《びと》なり。これらを下類といふなり」「れふし・あき人、さまざまのものはみな、いし・かはら・つぶてのごとくなるわれらなり」「すなはちれふし・あき人などは、いし・かはら・つぶてなんどをよくこがねとなさしめんがごとしとたとへたまへるなり◆17」とあります。確かに親鸞は深い慈悲の念をもって、漁師も商人も農民もみな「われらなり」と、自分も彼らも同じ悪人であると見ていたに違いありません。

さらには、野間のように◆18、「自己自身を含めてすべてを罪悪人と見ざるをえないような戦乱と疫病と飢饉と、さらに貴族階級支配から武士階級支配への大きな時代の転換のなかで」苦しむ「終末の世の人々」といった歴史的な把握もできるでしょう。

しかしながら、本書の主題である『歎異抄』のもつ現代性という観点からしますと、このような「悪人」の社会的ないし歴史的側面はそれほど重要ではないかもしれません。なぜなら、当時とは大幅に状況が異なる今日の社会では、読者の多くは、いわば「下類」意識によって『歎異抄』に魅力を感じているのではないと思われるからです。

親鸞の「悪人」には「一人」の側面と本多や野間が指摘しているような社会的・歴史的側面がありますが、『歎異抄』の「悪人」が今日なお持つ意味は社会的・歴史的側面ではなく、「一人」の側面によるものと思われます。その場合、しかしながら、『歎異抄』の今日的意義を理解する上で重要なことは、その「一人」の歴史性を認識することであり、親鸞の仏教の特徴の一つはその歴史的観点にあると思われます。ここでいう歴史性や歴史的観点と野間の歴史観との違いは、大拙のいう「霊性」の有無にあります。宗教とはそもそも霊性にかかわる事柄であるとすれば、野間の末法観はいつの間にか宗教から離れてしまっています。親鸞の末法観はあくまでも宗教にかかわる、霊性にかかわる末法観でなくてはならないでしょう。

この点に関して、吉本の「親鸞の思想にもともと哀傷はない◆[19]」という指摘は非常に重要だと思われます。「現世を汚穢に充ちた世界とみなし、すこしでもはやく浄土を欣求《ごんぐ》すべきだとするのは、当代の〈僧〉と〈俗〉とに通底した理念であり、親鸞がけっしてとらなかったところ」であり、それが親鸞の〈非僧〉〈非俗〉の境涯だというのです。吉本の指摘は往相廻向と還相廻向の二種の廻向という親鸞の立場から自然に導かれるでしょう。

先に、『歎異抄』後序の「善悪のふたつ、総じてもつて存知せざるなり。……煩悩具足の凡夫、火宅無常の世界は、よろずのこと、みなもつてそらごとたはごと、まことあることなきに、ただ念仏のみぞまことにておはします」という親鸞の言葉に注目しましたが、その最後にある「ただ念仏のみぞまことにておはします」に表れているのは往相廻向の立場であり、還相廻向の立場においては「『大経』のいう現世の『五悪』の世界を、〈あはれ〉とも厭離すべき穢土《えど》ともみなさなかった。むしろ衆俗がしているのとおなじように、ひき受けて生きるべき糧にほかならなかった[20]」ということが言えるものと思われます。

シュタイナーの歴史観においても、重要なのは霊性の問題であって社会の物質的な発展ではありません。シュタイナーは道徳に関連して、次のような時代認識を有していました――現代が属している第五文化期（一四一三～三五七三）は知性や理性の発達を特徴とする主知主義の時代で、知性と徳性は魂的生活においてほとんど別個の領域を形成しており、道徳的な行為に喜びを感じないとしても知力が損なわれることはない。第六文化期（三五七三～五七三三）は何が道徳的で何が不道徳であるかに関する明確な感情が人の魂の中に生じることを特徴とする、善に対する審美的快感と悪に対する審美的不快感の時代で、知的であっても不道徳であるような人の心的能力が退化していく時代。第七文化期（五七三三～七八九三）は積極的な道徳生活を特徴とし、徳を有しない知は存在することができなくなる時代。[21]

このようなシュタイナーの時代認識には納得できる点があるのではないでしょうか。まず、私たちが現在、知性と道徳とが分離した時代にいるということは事実として認めることができるでしょう。第六文化期といわれる時代になって初めて明確な道徳・不道徳の感情が私たちの魂に生れるという点にも注目しなくてはなりません。現在の私たちにはまだ明確な道徳感情がないというのです。親鸞はシュタイナーのいう第四文化期（BC七四七〜AD一四一三）に属しますが、それはギリシア人にとって自然に調和していた徳性と知性が将来並置されることを予見したヘブライ人が、両者の間に人為的な調和をもたらそうとした時代であるとされています。[22]しかし、序章でも若干検討しましたように、シュタイナーの時代区分に機械的には当てはまりませんが、親鸞の思想が現代の私たちの心を打つということは、それが私たちと同じ時代に属しているからではないか、というのが本書の立場です。

親鸞は「善悪のふたつ、総じてもつて存知せざるなり」と述べましたが、善悪は単なる知性によっては知ることができないというのがシュタイナーの理解です。それは親鸞の「存知せざるなり」にも当てはまるものと思われます。つまり、善悪は往相廻向を成し遂げ、還相廻向の立場に立って初めて見えてくるものと思われます。

往相廻向を成し遂げるということと、シュタイナーが霊界との結びつきを確立すると述べていることは同じことを意味していると思われます。そして、第四文化期においては人為的に魔術的手法で成し遂げられていた知性と徳性との調和を、魂の内的進化を通じて成し遂げるのが人類の将来の課題であるというのがシュタイナーの理解です。それはつまり外的に成し遂げられていた霊界との結びつきを内的に成し遂げるということであり、それが上記のような経過を経て現代の第五文化期から第七文化期にかけて達成されるべきものとされているのです。その場合、「内的に」ということは「一人」を通してということだと考えられます。

ここで親鸞の二種の廻向（往相廻向・還相廻向）とシュタイナーの第五文化期から第七文化期に至る道徳的課題との関係に改めて目を向けてみたいと思います。二種の廻向では歴史的時間は問題になっていません。それは現在中心のいわば今の立場です。それに対して、文化期の特徴に注目するのはいわば歴史的時間の立場です。

他方、親鸞の思想は末法史観の上に成り立っていますので、二種の廻向という概念においても歴史的時間はまったく問題になっていないとは言えないかもしれません。しかしながら親鸞の思想においては、関心の中心はあくまでもその時代が末法に当たるということであって、将来に及ぶ人間の課題ではありません。それに対してシュタイナーの場合は、第五文化期から第七文化期に至る過程を見据えた上で、いま何を為すべきかが主要なテーマになります。その場合、時代の要請に応え、いま求められている課題をこなすということは、ある意味で時代を先取りするということです。それこそがシュタイナーの立場であると言えるでしょう。時代を先取りするということは、現代にあって次の時代の準備をすることであり、次の文化期に期待されている道徳感情に目覚める道を、つまり霊界との結びつきを内的に達成する道を先に進むということです。それは「一人」の道を極めるということでもあり、還相廻向の立場に立つということでもあるでしょう。

なお、「道徳的」「不道徳的」とシュタイナーがいうとき、それが宗教的に対する道徳的という意味ではないことは、霊界との結びつきが問われていることからも明らかです。霊界との関係が問題になるということは、宗教的な事柄であるということです。そもそもシュタイナーの立場は霊的立場であって、霊的善悪と異なる社会的道徳といったことは問題にならないと考えられます。

## 3 「悪人」の歴史性

三木清は親鸞における歴史の自覚ということを述べています。これはすでに見ましたように

『歎異抄』の今日的意義を考える上で非常に重要な視点だと思われます。これまでの議論と重複するところもありますが、三木の議論を簡単に辿ってみたいと思います。三木は親鸞が無常について述べることが少ない点に注目し、そこに親鸞の思想の特殊な現実主義を見て、次のように議論を展開しています。◆23

諸行無常は仏教の出発点であるが、無常感は『徒然草』や『方丈記』に見られるように宗教的であるよりも美的に傾きやすく、無常思想は出世間の思想と結びつきやすい。これに対して親鸞はどこまでも宗教的であり、しかも現実的であった。そして親鸞の現実主義は出家仏教に満足できなかったのであり、親鸞の思想の特色は在家仏教にある。仏教における無常の思想が芸術的観照から哲学的観想へと進んでもなお非実践的であるのに対して、親鸞の思想はむしろ倫理的であり実践的である。

以上のような三木の指摘にはさすがに鋭いものがあると思います。それは三木が親鸞と主体的に向き合っていたことによると思われますが、無常について述べることが少ないということは何を意味しているのでしょうか。一つには三木が述べているように、現実主義、現実社会の肯定を意味しているでしょう。しかし、『歎異抄』の現代的意義を明らかにしようという本書の意図からしますと、そのほかの観点からも検討しなくてはなりません。無常感は今日の問題でもあります。

無常感には常に自己意識あるいは「一人」の意識が伴いますが、自己意識は必ずしも無常感を伴うとは限りません。また、現実主義は自己意識を伴う場合もそうでない場合もあります。例えば、先の鈴木大拙の解釈に従えば（序章「1『歎異抄』の現代性」参照）、万葉人に見られるのは強烈な自己意識を伴わない素朴な現実主義と言うことができるでしょう。親鸞が開いた道は自己意識に貫かれた「一人」の現実主義です。

他方、現代人の自己意識あるいは実存意識においても、無常感や虚無主義・ニヒリズムに向かう可能性も、また現実主義に向かう可能性もあります。すでに見ましたように、ニヒリズムの克服が今日の大きな歴史的課題であるとすれば、親鸞の思想が重要な道標になるものと思われます。

それでは親鸞の現実主義においては無常感は単に姿を消してしまったのかというと、そうではなく、罪悪感に姿を変えているというのが三木の理解です。自己は単に無常であるのではなく、煩悩の具わらざることのない凡夫であり、あらゆる罪をつくりつつある悪人である。親鸞にはそのような人間性に対する深い自覚と罪悪感があるというのです。この無常感が罪悪感に姿を変えているという点については検討の余地があると思われますが、いまは罪の意識が親鸞の現実主義の重要な特徴をなしているという点に目を向けてみましょう。

三木によれば、親鸞における罪の意識とは機の自覚を意味しているのであり、機とは自覚された人間存在です。

そのような自覚的存在を実存と呼ぶなら、機とは人間の実存にほかならない。そして、機には歴史性があり、浄土教はその自覚に基づく教えである。

三木はこのように議論を進めています。[24] 自覚された人間存在とは、人間の実存的なあり方であり、それが「一人」だと思われます。罪の意識は「一人」の自覚と結びついています。そして、機あるいは「一人」には歴史性があり、浄土教は「一人」の歴史性の自覚に基づいているというのです。「一人」の歴史性とは宗教の歴史性ということです。一般に宗教を語るときにその歴史性が強調されることはまれです。それが浄土教ないし親鸞の仏教において強調されているとすれば重要な意味をもつに違いありません。

浄土教ないし親鸞の仏教が機の歴史性の自覚に基づいていると三木が言うのは、それが末法思想を基礎にしているということです。しばらく三木の議論を追うことにしましょう。[25]

末法思想とは仏滅後の歴史を正法、像法、末法の三つの時代に区分する歴史観である。この三時の具体的年代については正像の二時をめぐって諸説あるなか、親鸞は正法五百年、像法一千年、末法一万年の説を採った。正法の時代には、教と行と証とがいずれもみられ、教法は世にあり、教えを受ける者はよく修行し、修行する者はよく証果を得る。続く像法の時代には教行はあるが証は存しない。さらに末法の時代には単に教のみあって行も証もともにない。それに続く教法すらない時代は法滅と呼ばれる。

親鸞はこの正像末の思想を『教行信証』の化身土《けしんど》巻において道綽《どうしゃく》の『安楽集《あんらくしゅう》』と伝教大師の作と考えられた『末法灯明記《まっぽうとうみょうき》』によりながら展開しているが、それらの著者にとって正像末史観の有する意義はそれによって自らの属する時代がいかなるものかを、さらにはその現在がまさに末法に属することを理解することにあった。親鸞においても、正像末史観は単なる客観的時代区分としてではなく主体的に把握されていたのであり、問題はどこまでも自己の現在であった。親鸞にとっていまが末法であるという認識は鎌倉時代の歴史的現実そのものから生れたものであった。

末法思想自体は親鸞や浄土教独自のものというより鎌倉仏教に広くみられる著しい特徴であり、宗教改革運動や新宗教誕生の時代的背景をなしているが、末法時をいかに見るか、またそれにいかに処すべきかという点についてはさまざまな立場があり、親鸞の独自性もその点にある。親鸞にとって、時代を末法として把握することは、歴史的現象を教法を根拠に理解すること、時代の悪を超越的な根拠から理解することであり、時代の悪をいよいよ深く自覚することであった。また、自己を時代において自覚することは、自己の罪を末法の教説から、したがって超越的根拠から理解することであり、自己の罪をいよいよ深く自覚することであった。

末法の時代においてはすでに戒を持するものはいない。そこにみられるのは「破戒」ではなく、その自覚すらない「無戒」である。親鸞が「非僧非俗」と称し「愚禿」と名乗ったのもそのような自覚においてである。末法の無戒の時代には正法の持戒や像法の破壊の時代の教法は歴史的意義を失い、新たな教法が現れなければならない。かくして自力の聖道門から他力の浄土門への転換は歴史的に必然である。『教行信証』化身土巻において三願転入の信仰告白に続いて正像末の歴史観が叙述されているということも、それが親鸞の末法の自覚に基づくものであったことを示すものと考えられる。第十九願すなわち修諸功徳の願は自力の諸善万行によって往生せんとするものとして持戒の時である正法時に、第二十願は自力の念仏によって往生せんとするものとして像法時に、そして第十八願は絶対他力として末法時に相応するということができよう。

他方、「無戒」は親鸞において独自の発展を示す。本来、無戒は持戒者たるべき僧侶について言われることがらであるが、無戒の僧侶はいわゆる「名字の比丘」（名ばかりの出家僧侶）であり、本質的には在俗者と同じでなければならない。したがって、浄土門の教えは僧俗一致の教法となり、僧俗の差別のみではなく、老少、男女、賢愚、善悪の差別がすべて意味を失ってしまう。そして、この平等性は各人の主体的な罪の意識において成立する。こうして、末法の自覚は自己の罪の自覚において主体的に超越的なものに触れることを意味している。このとき人は自己を最低の凡愚として自覚せざるを得ない一方、如来の救済はまさにそのような悪人のためである。これが「悪人正機」と称されるものであり、その根拠は末法思想にある。

「悪人正機」が末法思想を根拠とした歴史的認識であるという指摘は一般に見逃されやすい点を鋭く突いていると思われます。ただ、三木の議論においては法然の仏教と親鸞の仏教との相違が必ずしも明らかではありません。特に、罪の意識は法然までの浄土教とは異なる親鸞の仏教の著しい特徴です。おそらく、人の平等性が各人の主体的な罪の意識において成立するという三木の認識は不正確です。この場合、罪の意識は主体的意識であっても、主体的意識は必ずしも罪の意識とは限りません。末法の自覚は罪の自覚において主体的に超越的なものに触れることを意味するという三木の認識は極めて重要だと思われますが、罪の自覚がなければ人は主体的に超越的なものに触れることができないということではないでしょう。また、「破戒」の自覚すらない「無戒」の状態と罪の自覚との関係も問題になるでしょう。「超越的根拠」や「超越的なもの」の意味するところについても吟味する必要があるでしょう。やや結論を急げば、親鸞の末法思想において根本的に重要なのは罪の意識ではなく主体の意識ではないかと思われます。人の平等性が成立するのは罪の意識においてではなく主体の意識においてであり、人が超越的なものに触れるのは罪の自覚においてではなく主体の自覚においてではないでしょうか。主体の意識、主体の自覚とは「一人」のことです。

法然までの浄土教と親鸞の仏教を根本的に分けるものは、罪の意識ではなく強固な「一人」の意識ではないでしょうか。吉本は、法然の教義をつきつめていけば、現世を厭い来世を求めるという一遍や時衆の方向に行き着くほかないところを、親鸞は越後配流の体験を経て一八〇度の思想的展開をやってのけねばならなかった、と述べていますが[◆26]、そこに誕生したのが例えば親鸞に独特の即得往生の思想であり、それは罪の意識ではなく、強固な「一人」の意識に基づいているのではないでしょうか。親鸞の末法思想における人間の歴史的認識の核をなすのは罪の意識ではなく「一人」の意識であり、現代における親鸞の思想の意義を考える場合に重要なのも、罪の意識ではなく「一人」の意識のほうだと思われるのです。

## 4 三願転入について

三願転入と言われるのは阿弥陀仏の四十八願のうちの第十九願および第二十願の自力の法門から第十八願の他力の法門に入ることです。第十九願は自力の修行による往生を、第二十願は称名念仏のうちでもそれを自力の行とする者の往生をそれぞれ仏が誓ったもので、ともに人々を他力信心の法門に導くための方便とされます。『教行信証』化身土巻にある三願転入の文は阿弥陀仏に帰依するに至る経緯を述べた親鸞自身の信仰告白だと言われています。

化身土《けしんど》巻の三願転入の文とは次のようなものです。

「ここをもつて愚禿釈《ぐとくしゃく》の鸞《らん》〔親鸞〕、論主《ろんじゅ》〔龍樹・天親の二菩薩〕の解義《げぎ》を仰ぎ、宗師《しゅうし》〔曇鸞大師以下の五祖〕の勧化《かんけ》〔導き〕によりて、久しく万行《まんぎょう》諸善《しょぜん》の仮門《けもん》〔第十九願の法門〕を出でて、永く双樹林下《そうじゅりんげ》の往生《おうじょう》〔諸行による方便化土への往生〕を離る。善本徳本《ぜんぽんとくほん》の真門〔第二十願の法門〕に回入《えにゅう》して、ひとへに難思《なんじ》往生《おうじょう》〔自力の称名による方便化土への往生〕の心《しん》を発《おこ》しき。しかるにいまことに方便の真門を出でて、選択《せんじゃく》の願海《がんかい》〔第十八願の選択本願の大海〕に転入せり。

すみやかに難思往生の心を離れて、難思議《ぎ》往生〔真実報土への往生〕を遂げんと欲す。果遂《かすい》の誓《ちかい》（第二十願）、まことに由《ゆえ》あるかな。[27]」

このような他力の「万行諸善の仮門」（第十九願の法門）から「善本徳本の真門」（第二十願の法門）を経て絶対他力の「選択の願海」（第十八願のこと）へと至る三願転入と先にみた「悪人正機」とはどのような関係にあるのでしょうか。三願転入の経緯は「善人なおもつて往生をとぐ」「自力のこころをひるがへして、他力をたのみたてまつれば、真実報土の往生をとぐるなり」といわれていることと一致しているように見えます。しかし、『無量寿経』に帰ると別の側面が現れてきます。

第十九願とは次のようなものです。

「たとひわれ仏《ぶつ》を得たらんに、十方の衆生、菩提心を発《おこ》し、もろもろの功徳を修《しゅ》して、至心発願《ししんほつがん》してわが国に生ぜんと欲せん、寿《いのち》終る時に臨んで、たとひ大衆と囲繞《いにょう》してその人の前に現ぜずは、正覚《しょうがく》を取らじ。[28]」

「菩提心を発《おこ》」すという点に注目したいと思います。菩提心は自力によるのでしょうか、他力によるのでしょうか。それが自らの意志である限り自力と言うことができるでしょうが、「すでにして悲願います。修諸功徳の願（第十九願）と名づく」[29]（すでに慈悲の心からおこしてくださった第十九願がある。この願を修諸功徳の願と名づけ）と親鸞は述べています。菩提心が起こるとき、「すでにして悲願います」。自力の元にはすでに他力が来ているのです。善人の元にもすでに他力が来ているのです。「善人なおもつて往生をとぐ」もまた他力によるのでなければなりません。妙好人、浅原才市の「他力には、自力もなし、他力もなし。ただ一面の他力なり。なむあみだぶつ、なみあみだぶつ」という言葉も想起されます[30]。

実は、三願転入の経緯は禅のテキストとされる「十牛図」に描かれた修行の道程とよく似ています[31]。その場合、物語は自力から始まります。最初から他力だけなら菩提心は起こりません。自力を経なければ他力に達しません。しかし、他力に達してみると自力はすでに他力だったのです。そこには、自力は他力であり他力は自力である、という構造がみられます。それを併せて絶対他力と呼ぶことができるでしょう。才市の「ただ一面の他力」です。

「善人なおもつて往生をとぐ。いはんや悪人をや」にはその背景として先に見たとおり、末法史観があったと思われます。しかしそれもまた本質的には自力即他力たる絶対他力の世界において成り立つものでなければならないでしょう。一即多・多即一という言葉を借りますと、歴史は多でありそれは即一として成り立つものだと思われます。善人がいなければ悪人もいないし、悪人がいなければ善人もいません。しかも、善人も悪人も自分のことなのです。「善人なおもつて往生とぐ。いはんや悪人をや」と三願転入との間にはそのような関係があると思われます。それは善人即悪人・自力即他力の絶対他力の立場です。

これは『歎異抄』第九条の解釈とも関連した問題です。「念仏申し候へども、踊躍歓喜《ゆやくかんぎ》のこころおろそかに候ふこと、またいそぎ浄土へまゐりたきこころの候はぬは、いかに」という唯円の質問に対して、「天にをどり、地にをどるほどによろこぶべきことをよろこばぬにて、いよいよ往生は一定《いちじょう》〔間違いない〕とおもひたまふなり。よろこぶべきこころをおさへてよろこばざるは、煩悩の所為なり。しかるに仏かねてしろしめして、煩悩具足の凡夫と仰せられたることなれば、他力の悲願はかくのごとし、われらがためなりけりとしられて、いよいよたのもしくおぼゆるなり」と親鸞は答えています。

この場合、親鸞は唯円に理屈を説いているのではないでしょう。「他力の悲願はかくのごとし、われらがためなりけりとしられて、いよいよたのもしくおぼゆるなり」も「いよいよ大非大願はたのもしく、往生は決定と存じ候へ」も実感や確信を表しているものと思われます。また、「まことによくよく煩悩の興盛《こうじょう》に候ふにこそ」も同じく実感でしょう。懺悔と歓喜は一体です。「踊躍歓喜のこころもあり、いそぎ浄土へもまゐりたく候はんには、煩悩のなきやらんと〔煩悩のせいではないのだろうかと〕、あやしく候ひなまし」というのは、執拗な煩悩に対する親鸞の深く鋭い反省だと思われます。

あるいは、親鸞は絶対他力（仏凡一体）における仏の立場と凡夫の立場を往き来しながら語っているということもできるかもしれません。また、「往生は一定」「往生は決定」は現在のことでもあります。煩悩即悲願、自力即他力です。実はそれが私たちの「一人」の基本的構造だと思われます。

## 5 懺悔について

三木清は親鸞の三願転入の文の前後の箇所を引用しながら「宗教的告白は一面懺悔であるとともに讃歎である」と述べています。◆[32] 三願転入の前には「悲しきかな、垢障《くしょう》の凡愚、無際《むさい》よりこのかた助正間雑《じょしょうけんぞう》し、定散心雑《じょうさんしんぞう》するがゆゑに、出離その期なし。みづから流転輪廻を度《はか》るに、微塵劫《みじんごう》を超過すれども、仏願力に帰しがたく、大信海に入りがたし。まことに傷嗟《しょうさ》すべし、深く悲嘆すべし◇」とあり、後には「ここに久しく願海に入りて、深く仏恩を知れり。至徳を報謝せんがために、真宗の簡要を摭《ひろ》うて、恒常に不可思議の徳海を称念す。いよいよこれを喜愛し、ことにこれを頂戴するなり」とあります。

宗教的告白が懺悔であると同時に賛歎であるという三木の指摘は特に親鸞に当てはまります。例えば、禅の場合はそのような傾向は顕著ではありません。なぜ親鸞においてはとりわけ懺悔の意識が強いのでしょうか。ここでは、上田義文の『親鸞の思想構造』所収の「懺悔道としての哲学と親鸞」と題する論文を参考にしながらこの問題を考えてみたいと思います。

上田は武内義範が『浄土仏教の思想　九、親鸞』（講談社）のなかで田辺元の懺悔道を説明して、「相対と絶対を一つだと考えて、娑婆即寂光土とか、即今がすなわち永遠だとか、二つのものを一つにして考えるならば、……根本的に我々自身が有限者としてあるという有限者の問題はそれではとけない」と述べているのを読んで、上田自身の親鸞研究における問題を非常にはっきりさせることができたと述べています。上田は親鸞の仏教と一般の大乗仏教との違いを改めて確認することができたのです。それは、生死即涅槃や煩悩即菩提を説く一般大乗仏教が絶対者（覚者）の立場に立っているのに対して、親鸞は相対者（凡夫）の立場に立っている、ということです。田辺の懺悔道としての哲学が武内の説明のようなものであるとすると親鸞の立場と共通するところがあると思われます。

他方、鈴木大拙や西谷啓治は親鸞に対しても非常に透徹した理解をもっているにもかかわらず、相対者の立場がもう一つはっきり出ていない、という点が上田の疑問でした。上田によれば罪業または悪人という要素を欠けばそれはもはや真宗とは言えないにもかかわらず、大拙は真宗の教えの主要な構成要素として阿弥陀仏、その本願、衆生の信心の三つしか挙げていないのです。それに対して、真宗の教えの中核は弥陀の本願が悪人を摂取するということであり、真宗の教えを構成する要素は最小限、仏（本願）と悪人の二つで足りる、というのが上田の理解でした。

なぜ大拙や西谷においては相対者の立場がはっきり出てこないのでしょうか。それは次のように考えることができるものと思われます。上田が別の箇所で指摘しているように、浄土教の発展における親鸞の功績の一つは、浄土教の大乗仏教の本流としての立場を打ち出したことにあります。そこに成立したのが即得往生の思想であり、それは煩悩即涅槃や仏凡一体といわれ

◇『浄土真宗聖典（註釈版）』412頁。現代語版では「悲しいことに、煩悩にまみれた愚かな凡夫は、はかり知れない昔から、他力念仏に帰することなく、自力の心にとらわれているから、迷いの世界を離れることがない。果てしなく迷いの世界を生れ変り死に変りし続けていることを考えると、限りなく長い時を経ても、本願力に身をまかせ、信心の大海に入ることはできないのである。まことに悲しむべきことであり、深く嘆くべきことである。」（527〜528頁）

◇『浄土真宗聖典（註釈版）』413頁。現代語版では「ここに久しく、本願海に入ることができ、深く仏の恩を知ることができた。この尊い恩徳に報いるために、真実の教えのかなめとなる文を集め、常に不可思議な功徳に満ちた名号を称え、いよいよこれを喜び、つつしんでいただくのである。」（529頁）

る大乗仏教の基本的立場に立つものです。禅であれ真宗であれ、大乗仏教の立場に立つという点で共通の基盤に立脚しています。大拙や西谷はこの大乗仏教に共通する基本的立場に立って親鸞の仏教を理解し評価したのであり、禅の立場に立つ二人の関心は親鸞の教えの特徴よりもそれが大乗仏教の教えに深く根ざしているということのほうにあったものと思われます。大拙や西谷が親鸞の教えに対しても非常に透徹した理解をもっていたということは、親鸞の教えが大乗仏教の基本的立場に立脚していたということ、そしてその基本的立場を大拙と西谷が的確に捉えていたということを示すものでしょう。

大拙や西谷の立場と上田の立場との相違は絶対者（覚者）の立場に立つか相対者（凡夫）の立場に立つかにあると思われますが、ここで重要なのは禅ではなく真宗を高く評価した西田幾多郎の視点だと思われます。それは歴史的視点です。歴史的立場に立って初めて親鸞の相対的立場の重要性が明らかになるのであり、先に見たとおり親鸞の仏教は末法思想を踏まえて初めて成り立つものです。禅は必ずしも末法思想を前提としませんが真宗はそれを前提とします。禅の立場に立つ大拙や西谷が親鸞を理解する上で親鸞の相対者の立場を強調しないのはその意味でも当然だと思われます。

しかし、仏凡一体であり、絶対即相対です。上田も指摘しているように、親鸞は絶対者の立場と相対者の立場を適宜往き来しながら語っています。そうでなければ仏教の教えを説くことはできないはずです。それは禅でも同じですが、禅の場合は絶対者ないし覚者の立場が強調される傾向があるということだと思われます。

仏凡一体を踏まえた凡夫の立場に立つことによって初めて成り立つのが歴史の立場です。ただし、凡夫の立場は必ずしも歴史の立場ではありません。法然までの浄土教は末法史観を背景として、凡夫の立場に立ち、在家仏教を樹立しながらもなおここでいう歴史の立場に立つものではありません。それは現世を否定した浄土往生の教えです。現世を否定するところに歴史はありません。親鸞が即得往生の教えにおいて現世を肯定したとき初めて浄土教は歴史的になったのです。

凡夫の立場において、凡夫としての強い自覚に伴って生じるのが罪の意識や懺悔の気持ちです。しかもそれは現世を肯定し、現在の自己を肯定して初めて成り立ち得るものです。法然までの浄土教で懺悔ということが顕著でない理由はここにあるものと思われます。懺悔は歓喜を伴うと言われます。親鸞もその体験を随所に語っています。懺悔と歓喜のところには自己の肯定があります。そして、そこにいるのが「一人」だと思われます。懺悔もまた「一人」において初めて成り立つものと思われます。

吉本もまた親鸞の懺悔と一人に関して次のように述べています。親鸞の和讃には「今様から浄土――時衆系に流れてゆく和讃にくらべて、語格のなかに圧倒的に巨きな親鸞の個我のエネルギーがこめられている……。啓蒙や儀式用より『一人』へという方向に和讃をひき込んでいったところに、親鸞の独特な和讃のしらべが位置していた。そこに当然、人間存在一般に施さるべき『大経』の『五悪』の意識を、自己懺悔に変容させた浄土真宗の精髄があった。……親鸞は、懺悔を『親鸞一人が為』に帰したので、人間存在の罪障一般にたいする懺悔ではなかった。空也の和讃にも、一遍の和讃にも、かれら自身の自己懺悔と罪意識はない。親鸞の和讃にだけそれがある」◆[33]。

一方、現在を肯定し、現在の自己を肯定するところに成り立つのが親鸞の凡夫の立場だとしても、単なる現在の肯定からは歴史の立場は生まれません。懺悔の立場に至って初めて歴史の立場が成り立つものと思われます。それはまた霊性の立場ということでもあります。単なる現在肯定の立場から見えるのは過去の歴史であり、私たちの常識からすればそもそも歴史とは過去を対象とするものです。しかし、霊性の歴史の立場においては、過去と同じく未来にも目を向けなければなりません。現在は過去と未来をつなぐものとなり、そこに私たちの責任が生じます。シュタイナーは常に未来を語ります。もちろん、私たちも未来を語りますが、それは過去の上に、あるいは現在の上にわずかにのっかっているものにすぎません。私たちの現在は大きく過去に傾いています、あるいは単なる過去の延長にすぎません。それに対してシュタイナーの語る現在は過去と未来の中心にあります。そのような現在を生きることが霊性の歴史を生きるということであり、歴史とは本来霊性の歴史でなければならないと思われます。

## 6 煩悩について

上田は、「鈴木博士は煩悩即菩提を証した人であり、その立場は『即』にあるが、親鸞の立場は願力に摂取された『煩悩』にある。鈴木博士では『煩悩』の重さよりも、『即』の徹底が博士の存在の根柢を成しているのに対して、親鸞という人間存在の根柢は『煩悩と一体な本願力』である」と述べています。[34] これは先にみた「覚者」の立場と「凡夫」の立場の違いということでしょう。

上田は続けて西谷の論文「親鸞における『時』の問題」[35]を取り上げて批判していますが、西谷の論文には本書の議論に関連する重要な論点がいくつか含まれています。これまでの議論と重複するところもありますが、大事な問題なので再度触れながら考察を進めることにしたいと思います。

上記の論文で西谷は、『歎異抄』の後序の「弥陀の五劫思惟の願をよくよく案ずれば、ひとへに親鸞一人がためなりけり。されればそくばくの〔西谷の引用に従う〕業をもちける身にてありけるを、たすけんとおぼしめしたちける本願のかたじけなさよ」という一文から、(一)弥陀の五劫思惟、(二)よくよく案ずれば、ひとへに親鸞一人がためなりけり、(三)たすけんとおぼしめしたちける本願、の三つの要素を取り出して問題にしています。

上田の第一の批判は、「そくばくの〔多くの〕業をもちける身にてありける」という要素が西谷の視界に入っていない点に向けられます。上田の理解によれば罪業という要素を抜けば親鸞の思想にならないのであり、(二)の「親鸞一人」だけでは本願のはたらきの対象が罪業の悪人だということが明らかではないというのです。

この点についてはすでに検討しましたが、「一人」は仏教も含めて宗教の基本的要素です。したがって、「一人」だけでは親鸞の仏教の特徴を示すことにならないのは当然で、仏教の特徴を示すものでさえもありません。西谷が「そくばくの業をもちける身にてありける」という要素に着目しなかったのは、やはり親鸞独自の仏教に決定的な価値を見出してはいなかったためではないかと思われます。

親鸞の「一人」は罪業の悪人でなければならないというだけでなく、その罪業という概念には時間性が含まれているのに、西谷論文においてはその点が明確にされていない、というのが上田のもう一つの批判です。「五劫思惟」〔劫は極めて長い時間の単位〕という言葉からも親鸞の仏教では時間性が重要な要素になっていることは明らかですが、罪業という観点にも無始以来のものという時間性が含まれているというのです。

親鸞の仏教が末法思想に基づいているということは、それが歴史的観点に貫かれているということです。したがって、罪業が時間性を帯びたものであることに問題はありません。しかし、無始以来の罪業という概念には時間性よりも「自分の存在の根柢にあって掘っても掘っても尽きない」ものという、かえって超時間性が強く感じられます。この不一致はどのように考えればよいのでしょうか。

その原因は罪業そのものと罪業の人との違いにあるものと思われます。罪業は人間の存在に歴史を貫いて根源的に結びついていますが、人間がその罪業を自力で取り除くことができるかどうかは歴史の段階によります。正法の時代から像法の時代を経て末法の時代に至ると、人間は罪業を自力で除去することがもはやできなくなる、そのように考えられているのです。

しかし、罪業も有《う》相《そう》の構成要素である以上、罪業自体の歴史性もさらに詳しく問われねばならないと思われます。今日の罪業ないし煩悩の特徴とは何でしょうか。『歎異抄』や親鸞の思想の今日的意味を考える上でこれは重要な問題だと思われます。シュタイナーによればそれは唯物論的世界観です。今日の文化は感覚的価値観に基づいています。現在の私たちの煩悩は物質的・感覚的です。

上田は西谷の次のような叙述にも批判を加えています。「『親鸞が一人がためなりけり』という省察は、『ひとり』にされたあり方（実存）が、そのあり方自身を自覚して行くことに外ならない。……『ひとり』というあり方によって貫かれた（親鸞の）自己の現存在を、その源へまで突きつめて行くことである。その省察に於ける反省の力も、本願力を原動力とする。その反省は、その原動力によって本願力自身の源を照し返すこと、その源へ照し返ることである。それは最も深い意味で信心そのものの自己展開なのである。」

上田の批判は、「親鸞の自己の現存在とは、『そくばくの業をもちける身』であるから、その存在を源へ突きつめて行くことは、本願力自身の源を照し、源へ照し返ることであるというだけでなく、それはまた親鸞自身の罪業を、その深み——無始以来という深み——にまで返り照すことである」というものです。

いったい何が問題になっているのかというと、それは自己と本願力との関係です。両者の源は融合し、自己即本願力であり、信心の自己展開です。その場合、自己と本願力の源は親鸞の罪業の無始以来の深みより更に深いと思われます。あるいは、無始以来が時間的概念であるとすれば、自己と本願力の源とは超時間的概念であると思われます。上田の批判は必ずしも的確ではなく、本願力自身の源を照し、源へ照し返る過程で、罪業の源もまた照し出されるはずです。ここには自己と他者の問題があります。

上田は、「ここで大事なことは、本願力が他力（他者の力）と呼ばれていることである。省察における反省の力は本願力を原動力とするのであるが、その本願力は親鸞にとっては他者（如来）の力であって親鸞自身（罪業の身）の力ではない」（傍点は原著者）と述べています。これはキリスト教でいわれる神の超越と内在の問題のことだと思われます。親鸞の教えが仏教の基本的立場に立脚している限り、「反省の力は本願力を原動力とする」ということは、反省の自力即他力の本願力ということです。そこには単に「罪業の身」のみの親鸞はいません。如来即罪業の身なる親鸞がいるのです。そうでなければ懺悔即歓喜ということは起こらないでしょう。即は一味ということであり、仏凡一体ということです。

自力即他力ということは、親鸞のように、また妙好人のように、如来の立場と罪人の立場を自由に往き来することができるということでしょう。それが親鸞の即得往生における往相と還相だと思われます。「鈴木博士の場合に述べたような、本願力と罪業との不可分の関係がここにも存していることが、〔西谷〕博士においても明らかにされていない」と上田は述べていますが、この批判は当たらないし、勘違いもあると思われます。上田は本願力が「他者（如来）の力」であることを強調していますが、これは本願力と罪業とが違うことに、両者の「不可分」の関係ではなく「不可同」の関係に注目しているのであり、上田が大拙や西谷の議論では明らかにされていないとして批判しているのはむしろ本願力と罪業との「不可分」の関係ではなく「不可同」の関係だと思われます。本願力即罪業の「即」には「不可分」の関係だけでなく「不可同」の関係も含まれていることは大拙が「即非」と呼んだことからも明らかですが、上田も「娑婆即寂光土とか生死即涅槃とかいう『即』（鈴木大拙博士は『即非』と言われた。この表現の方が現代人には誤解が少ないと思う）の立場[36]」と述べています。上田は「即」において「不可同」の立場に立ち、大拙と西谷は「不可分」の立場に立つということが言えそうです。それは仏凡一体における仏の立場と凡夫の立場との関係と同じことです[37]。

上田は西谷の場合は大拙の場合と異なり罪業という要素が完全に欠落しているのではないとしながら次のように自身の見解を述べています。「西谷博士は……親鸞の『ひとり』なるあり方が……業を離れていないことに言及しておられるが、親鸞における業は、こういう日常的現実の面だけに関わるものではなく、人間の存在そのものの本質をその根柢まで貫いているものであり、親鸞一人という省察において、本願力が、その力の根源にまで照し返るということは、外ならぬ親鸞の罪がそれほど深く、彼の存在の根源にまで達しているからなのである。そういう無始以来の罪業を、その根源から摂取してしまうものこそ本願力に外ならないのである。親鸞の自己は罪業の身であり、愚者（無智）であって、自分自身の罪業を深く照し返す力はない。それ故、他者たる本願力の廻向をうけて、その力（他力）によって初めて自分の深い罪業を知らしめられたのである[38]。」

これはすでに取り上げた問題の繰り返しですが、ここでは少し別の角度から上田の認識の問題点を考えてみたいと思います。親鸞の罪がどれほど深く存在の根源にまで達していようとそれを根こそぎ摂取してしまうのが本願力であり、それが横超《おうちょう》ということでしょう。しかし、自己の根底には仏凡一体という関係があります。自己は底が抜けているのです。罪業の自己も底が抜けているのです。この場合、聖道門の竪超《じゅちょう》に対して浄土門の横超を区別するのが親鸞の立場です。これもまた覚者の立場と凡夫の立場のどちらに立つかという問題ですが、『歎異抄』の現代的意義という観点に立つ本書では、両者の違いは決定的な問題にはならないと思われます。つまり、すでに述べましたように、現代における『歎異抄』ないし親鸞の魅力の核心は、必ずしもその横超や凡夫の立場にあるのではなく、「一人」の立場にあるのであり、横超や凡夫の立場もこの「一人」の立場において初めて重要な意味をもつものと思われます。

「他者たる本願力の廻向」ということに関しては、「その力（他力）によって初めて自分の深い罪業を知らしめられた」だけではなく、それ以前にそもそも自分というものが成り立つということが本願力によっているのだと思われます。本願力とは別に自己なるものが独立して存在するのではないでしょう。自己即本願力であり、その即は不可分・不可同の即です。そして、本願力の廻向（発願廻向）において成り立つのが往相と還相という二種の廻向ですが、それは即得往生の立場であり、大乗仏教に広く共通する立場であると思われます。

『歎異抄』第七条には「念仏者は無礙《むげ》の〔何ものにもさまたげられない〕一道なり。そのいはれはいかんとならば、信心の行者には、天神《てんじん》・地祇《じぎ》〔天神は梵天王・帝釈天・四天王など、地祇は堅牢地祇（大地の神）・八大竜王など〕も敬伏し、魔界・外道も障礙《しょうげ》することなし。罪悪も業報《ごうほう》〔善悪の業（カルマ）を因縁として受ける報い（結果）〕を感ずることあたはず、諸善もおよぶことなきゆゑなり」とありますが、それに関連して上田は次のように述べています。「このような行者の力は、彼自身の力ではない。彼にとってそれは他者の力（本願力）である。彼が弥陀の智願海に帰入したとき、彼の煩悩心は大悲心に転ずる（和讃）。その大悲心を得た信心の行者は、その点で如来とひとしと言われるのであるが、彼はその大悲心を自分の心とは思わず、他者の心と考えている。なぜならば彼が自分を省みたとき、そこには罪悪深重の自分を見出すからである。信心と呼ばれる心は善（仏心）であるが、それは自分が獲得したものでありながら、自分の心ではない。[39]」

この引用の最後の部分にある「信心」に関する上田の理解と先に引用した西谷の「『親鸞一人がためなりけり』という省察は……信心そのものの自己展開なのである」という理解には違いがあります。西谷のいう「信心そのものの自己展開」とは機法一体の信心のことです。他方、上田の場合は、機法一体の側面よりも仏の心と自分の心との区別の側面が強調され、しかも信心は仏心ではあるが自分の心ではないとされています。機法一体を踏まえれば、「行者の力は、彼自身の力ではない」というより「行者の力は、彼自身の力であってかつそうではない」とでも言うべきでしょう。繰り返しになりますが、「大悲心を得た信心の行者は……その大悲心を自分の心とは思わず、他者の心と考えている」ということは機法一体の立場からは言えないと思われます[40]。

また、「煩悩心は大悲心に転ずる」ということに関連して上田は次のように述べています。

「行者が信心を獲得することは、行者の自力による信心獲得のための努力が行き詰まり、自力ではどうすることもできなくなった所で、他力が来って彼を摂取する。そのとき行者の煩悩心は如来の願心の中へ摂取されて、如来の大悲・智慧と一味になる。これは『アクノ心ガゼントナル』のであり、これを『転ず』と言う。この『転ず』においては、自力心の働きは全くなくなって善心（大悲・智慧）が成立し、行者は自力を離れて他力となる[41]。」

上田の説明にはいくつか曖昧な点があると思われます。まず、行者が自力から出発するほかないことは先にも見たとおりですが、自力が行き詰まったときに他力が来てそれに摂取されるという場合、行者と自力と他力の間の関係が問題になります。それはまた、行者とは何か、自力とは何か、他力とは何か、という問いでもありますが、次のように言うことができると思われます。自力とは自己意識に通じ、行者が自力から出発するということは自己意識から出発するということであり、自己意識が生じなければ、信心獲得を求める気持ちも起こらず、行者も生れない。他方、自己意識や自力は相対的なものであるが、他力には相対的側面と絶対的側面がある。自力対他力という相対関係が生じる場を絶対他力と呼ぶなら、自力や自己意識は最初から絶対他力において存在している。「他力が来って彼を摂取する」のではなく、そもそも最初から（絶対）他力に摂取されていたからこそ彼は彼であったのである、と。

また、自力が行き詰まるということは自己意識が行き詰まるということです。この自己意識は煩悩心に等しいもので、自力が行き詰まるということは煩悩心が行き詰まるということです。そして、そのとき行者の煩悩心が「如来の願心の中へ摂取されて、如来の大悲・智慧と一味になる」とは、自己意識に変化が生じるということです。煩悩心たる自己意識が転ぜられて「アクノ心ガゼントナル」のです。しかし、「一味になる」ということは、自力心の働き、つまり自己意識が「全くなくなって善心（大悲・智慧）が成立し、行者は自力を離れて他力となる」のではないと思われます。「一味になる」ということは、自己意識を保ったまま如来の願心つまり他力に摂取されるのだと思われます。あるいは、すでに最初から摂取されていたことに気付くのです。それは自己意識の変化であり覚醒ともいうべき事態です。煩悩心たる自己意識から一味たる自己意識に転じるのです。それが「転ず」です。「転ず」においては、「行者は自力を離れて他力となる」のではなく、自力のままに他力に与るのだと思われます。自力即他力の世界を意識的に生き始めるのだと思われます。

自覚とは自由の問題でもあります。上田はこの点について次のように述べています。「彼が他力に摂取される前に持っていた自由は、自己中心的な自我の自由であったのに対して、他力に摂取され、他力を廻向された、他力によって生きる彼は、『無礙《むげ》の一道』を生きる『信心の行者』であって、彼の『無礙』と呼ばれる自由は、天神地祇も業報も、いかなるものも妨げることのできない絶対的自由である。」◆42

自由とは他に依存しないあり方です。その意味で、無限の絶対者に依存している相対的有限者に自由はありません。自由とは絶対者のみに言えることであり、他力においてのみ可能なことがらです。自己中心的な自我における自由とは自己に囚われることにほかならないでしょう。自由とは他力によって生きる「信心の行者」にして初めて体験できるものであり、それが「無礙の一道」だと思われます。「天神地祇も業報も、いかなるものも妨げることのできない」というのは、妨げられるものがないということであり、妨げられるものとは自己中心的な自我だったのではないでしょうか。

上田は続けて、「このような絶対的自由を生きる無礙の行人も、罪業と呼ばれる自己中心性の根を自己の内にもっており、『業縁のもよほさば、いかなるふるまひもすべし』〔『歎異抄』第十三条〕と言われるが、彼は『よきこともあしきことも業報にさしまかせ』〔同〕ており、自己中心的な自我の自由は全く働く余地がない」と述べています。

自己中心性の根を内にもっていながら、自己中心的な自我の自由が働かないとはどういうことでしょうか。無礙の行人が罪業の根を自己の内にもっているということは、凡夫が自己の罪業の根に気付いたということだと思われます。「絶対的自由を生きる無礙の行人」とは他力そのものではなく、罪業の根を知り、輪廻の理由を知った凡夫のことだと思われます。知るということは他力によるのであり、すでに罪業を離れ輪廻を脱却するということです。しかし、それは単に罪業や輪廻から離れるということではなく、却って罪業や輪廻を生き抜くということだと思われます。新約聖書の「わたしが律法や預言者を廃するためにきた、と思ってはならない。廃するためではなく、成就するためにきたのである」（マタイ五章十七節）という言葉も想起されます。

「業縁のもよほさば、いかなるふるまひもすべし」とは、この世界には因果応報の定めが及ばないところはどこにもないということです。「卯毛・羊毛のさきにゐるちりばかりもつくる罪の、宿業にあらずといふことなしとしるべし」（『歎異抄』第十三条）とも言われています。

無礙の行人の自由とは因果応報の働きを深く知るということだと思われます。私たちが何らかの意志をもつ、あるいは何かに対して好感や嫌悪感をもつといったときにも、因果応報の定めは働いているはずです。一瞬の気持ちの動きがすでに業縁によるのです。「絶対的自由を生きる無礙の行人」は業縁から離れて自由に生きるのではなく、業縁をそれと知って生きることこそが無礙の行人の自由だと思われます。「自己中心的な自我の自由は全く働く余地がない」というよりも、無礙の行人は自己中心的な自我の自由と知ってそれを生きるのであり、自己中心的な自我を知るということは他力と一味になるということだと思われます。

また、因果応報の定めは過去から今を規定しているだけではありません。それは今から未来を規定するものでもあります。そして、過去と未来は今において裁断されています。それが人間の自由の一つの側面であり、そこに人間の自由と責任ということがあるのだと思われます。「よきこともあしきことも業報にさしまかせて」とは自己に責任がないということではないでしょう。却って、全面的に自己の責任を負うということであり、因果応報の定めに従うということだと思われます。この過去と未来が裁断されたところに生じる人間の自由は他力の自由に基づいています。それが横超の可能性です。

私たちが通常経験する自由とは不自由のことであり、不自由とは自由のことである、と言うことができるかもしれません。上田が説明を加えながら引用している「わろからんにつけても（自分の力でそれを正そうなどとはせず）、いよいよ願力をあふぎまいらせば、自然のことはりにて（他力の働きで）柔和《にゅうわ》・忍辱《にんにく》のこころもいでくべし」（『歎異抄』第十六条）とはそのような事態を表しているのであり、そのような仕方において「有限者たる人間（罪業の人）が、絶対者の自由（無礙）にあずかることができる」◆[43]という上田の理解は適切だと思われます。

横超について谷口雅春は「この横超するには、肉眼で煩悩の肉身を見ているだけでは、やはり悪趣の道を歩いているより仕方がありませぬ。……肉眼で『煩悩の自身』を見てはならない。心の眼で見て、自分の実相が如来の本願に融け込んでいる仏だと云うことに気がつかないようなことではならない」[44]と述べています。「煩悩の肉身」に目をくらまされることなく「自分の実相」に気がつくということは、人間の霊性を知るということであり、横超の可能性はその霊性にあるということだと思われます。

## 7 まとめとして（シュタイナーの視点から）

ここでは、本章のこれまでの議論をシュタイナーの視点から重複を厭わずごく簡単に振り返ってみたいと思います。

「悪人正機」とは、「煩悩具足を本性とする人間はすべて悪人であるのに、それも知らず自分を善人だと思っている（善）人でさえ往生できるのに、自分が悪人であることをよく自覚している（悪）人が往生できないはずはない」という意味にとることができます。

ここには親鸞独自の立場が現れています。『無量寿経』の第十八願には「ただ、五逆（の罪を犯すもの）と正法を誹謗するものを除かん」とありますが、親鸞はすべての世界のあらゆるものが往生できるという立場を取ります。「悪人正機」は、「悪人往生」の教義を立ててもなお「善人往生」を第一とした法然の立場とも異なります。そこには自分が煩悩を脱することのできない罪人であることを自覚した親鸞独特の徹底した人間観が見てとれます。

一般には「煩悩具足の凡夫」と言われますが、親鸞は「凡夫」ではなく「悪人」しかも「極悪人」と呼びます。ここには親鸞の「一人」の特徴が表れていると言えるでしょう。つまり、親鸞の「一人」は「極悪人」の自覚を通して初めて達することができるものと思われます。

この場合、親鸞の思想には哀傷がないという吉本隆明の指摘は非常に重要です。親鸞の「一人」は「極悪人」ですが、この世を穢土として浄土を欣求《ごんぐ》するものではありません。それは往相廻向と還相廻向の二種の廻向の立場であり、現世を肯定する現在中心の立場です。

シュタイナーの視点からしますと、現代の第五文化期（一四一三〜三五七三）は知性や理性の発達を特徴とする主知主義の時代で、知性と徳性はほとんど別個の領域を形成しており、道徳的な行為に喜びを感じないとしても知力が損なわれることがない時代です。ところが、次の第六文化期（三五七三〜五七三三）になりますと、何が道徳的で何が不道徳であるかに関する明確な感情が生じ、知的であっても不道徳であるような人の心的能力は次第に退化し、第七文化期

（五七三三〜七八九三）には徳を有しない知は存在することができなくなるとされています。また、第四文化期（ＢＣ七四七〜ＡＤ一四一三）には人為的に魔術的手法で成し遂げられていた知性と徳性との調和を、魂の内的進化を通じて成し遂げるのが人類の将来の課題であるというのがシュタイナーの理解です。それはつまり外的に成し遂げられていた霊界との結びつきを内的に成し遂げるということであり、それが現代の第五文化期から第七文化期にかけて達成されるべきものとされているのです。その場合、「内的に」ということは「一人」を通してということだと考えられます。また、シュタイナーの道徳の視点には、人間を単なる「凡夫」ではなく「悪人」と捉える親鸞の立場に近い面があると思われます。

シュタイナーの第五文化期から第七文化期に至る道徳的課題と親鸞の二種の廻向を比較してみますと、二種の廻向は末法史観を背景としながらも現在中心の立場であるのに対して、文化期の特徴に注目するのはいわば歴史的時間の立場あるいは歴史的現在の立場です。

親鸞においては、関心の中心は飽くまでもその時代が末法に当たるということであって、将来に及ぶ人間の課題ではありません。それに対してシュタイナーの場合は、第五文化期から第七文化期に至る過程を見据えた上で、いま何を為すべきかが主要なテーマになります。その場合、時代の要請に応え、いまの課題をこなすということは、ある意味で時代を先取りするということであり、次の文化期に期待されている道徳感情に目覚める道を、つまり霊界との結びつきを内的に達成する道を、先に進むということです。それは「一人」の道を極めるということでもあると思われます。

三願転入の経緯は自力即他力の絶対他力の世界を表しており、悪人正機も絶対他力の世界において初めて成り立つ立場と言うことができるでしょう。『歎異抄』第九条の唯円の不審に答えた親鸞の言葉も、絶対他力における他力（仏）の立場と自力（凡夫）の立場を往き来しながら語られていると考えられます。シュタイナーもまた超感覚的な霊的世界と感覚的な物質的世界を往き来しながら語りましたが、親鸞もシュタイナーもそのようにしなければ語り得ないことを語ったと言うことができるでしょう。

悪人であるということは煩悩から離れられないということですが、シュタイナーの視点からしますと煩悩もまた歴史的できごとであり、今日の煩悩の特徴は物質的・感覚的であるということです。

また、煩悩は罪業や輪廻の原因として脱すべきものとされ、それが望めない煩悩具足の凡夫でも根こそぎ摂取してしまうのが弥陀の本願力による横超ですが、シュタイナーの視点からしますと、煩悩や輪廻は単に否定すべきものではなく、その意味を知るべきものです。親鸞の現在中心の立場が真に現実的歴史的になるためには、なお徹底すべき点が残されているように思われます。

## 「第二章」の注

1◆「あひだ」はこれを原因や関係の意味にとり、「ので」「ゆえに」「から」などと訳されることが多いものの、前後の関係から時間を限定する意味にとり、「間」と訳すこともできると思われる。

2◆中村元・早島鏡正・紀野一義訳注『浄土三部経（上）』（岩波文庫）の書き下し文による。

3◆教学伝道研究センター編纂『浄土真宗聖典　尊号真像銘文（現代語版）』6頁。

4◆岩倉政治『親鸞』145頁。

5◆同前、101頁。

6◆粕谷甲一「『沈黙』について」、『花の香りにうながされて』所収。

7◆日本聖書協会発行『口語訳　新約聖書』による。

8◆谷口雅春『親鸞の本心』32頁。

9◆上田義文『親鸞の思想構造』47～48頁。

10◆同前、49頁。

11◆同前、「五「時」の思想」。

12◆同前、51～53頁。

13◆同前、60～61頁。

14◆同前、50頁。

15◆本多顕彰『歎異抄入門』80～83頁。

16◆『浄土真宗聖典（註釈版）』249頁。

17◆同前、708頁。

18◆野間宏『親鸞』31頁。

19◆吉本隆明『最後の親鸞』59頁。

20◆同前、59頁。

21◆シュタイナー『仏陀からキリストへ』97～101頁。

22◆同前、100頁。

23◆三木清「親鸞」、久野収編集・解説『現代日本思想大系33　三木清』398～400頁。

24◆同前、400～403頁。

25◆同前、403～413頁。

26◆吉本隆明、前出79～80頁。

27◆『浄土真宗聖典（註釈版）』413頁。

28◆同前、18頁。

29◆化身土巻、同前375頁。（　）内は『顕浄土真実教行証文類（現代語版）』による。

30◆鈴木大拙「わが真宗観」、『鈴木大拙全集　第六巻』357頁。

31◆拙論「シュタイナーの世界観と『十牛図』」参照、高橋和夫・塚田幸三『いのちの声を聞く』所収。

32◆三木清、前出421頁。

33◆吉本隆明、前出95〜97頁。

34◆上田義文、前出203頁。

35◆八重樫昊編『現代語訳しんらん全集 第十巻研究篇』普通社所収。

36◆同前、202頁。

37◆滝沢克己は弥陀即凡夫・浄土即穢土・涅槃即生死などといわれる「即」における「不可分・不可同・不可逆」の関係に触れている（『「歎異抄」と現代』155頁）。滝沢哲学の要諦はそのうちの「不可逆」にあると思われるが、この点については『滝沢克己からルドルフ・シュタイナーへ』でやや詳しく検討した。

38◆上田義文、前出206頁。

39◆同前、206頁。

40◆ここでは、仏と衆生がもともと一体であるという意味において機法一体という言葉を使っている。瓜生津隆真・細川行信『真宗小事典』の「仏凡一体」および「機法一体」の項をみると、そのような意味の機法一体に対して仏凡一体は信心を獲得したときに仏心と凡心が一体不離になることを意味すると説明されている一方、機法一体には、南無阿弥陀仏の六字において、人びとの往生と仏の正覚（さとり）とが同時に完成していることを意味する場合と、信心においてたのむ機とたすける法とが一体となることを意味する場合があるとも説明されており、微妙な見解の相違が認められる。しかし、いまはこの問題に深入りせずに議論を進めることにしたい。

41◆上田義文、前出208頁。

42◆同前、211頁。

43◆同前、211頁。

44◆谷口雅春、前出38頁。

# 第三章 「他力」について

本書ではここまで、近代から現代にかけての歴史的課題はニヒリズムの克服であり、ニヒリズムは実存意識と表裏一体の関係にあること（序章）、親鸞の「一人」やシュタイナーの「自己意識」も実存意識であり、それが宗教ないし宗教心の根本をなすこと（第一章）、親鸞の「悪人正機」もまたそのような「一人」の意識に基づくものであること（第二章）を見てきました。

上田が述べているように、親鸞の思想の核心は、教・行・証という仏教の基本的な様式の中に収められた「一人」であり「悪人正機」であると言うことができるでしょう◆1。

「一人」は仏教に止まらず宗教全般の基本構造であり、親鸞の思想においてもそれが核心をなさなくてはなりません。したがって、それは親鸞の思想に特有のものではありません。現代の私たちがなぜ仏教全般にではなく、特に『歎異抄』あるいは親鸞の思想に魅力を感じるのか、西田幾多郎はなぜ禅でも法然の浄土宗でもなく、親鸞の浄土真宗を高く評価したのか、真宗のどこに期待したのか、それが本書の出発点となる問題意識でした。広く宗教全般に通じる「一人」という構造だけではその説明はつきません。

それでは、私たちは一般の意表をつく「悪人正機」の逆説に惹かれて『歎異抄』を読むのでしょうか。おそらく、多くの人にとってはそうではないでしょう。神仏の前で一人になり、自分の罪深さを懺悔して救済にあずかるというあり方は、それもまた宗教に一般的な基本的構造だと思われます。それだけでは、特に『歎異抄』や親鸞を選ぶ動機にはならないでしょう。

結論を急げば、『歎異抄』も含めて親鸞の思想がもつ特有の魅力やその現代性の核心は、親鸞において仏教史上初めて成立した「他力仏教」独特の構造にあると思われます。以下、親鸞の「他力仏教」の構造について若干の検討を加えてみたいと思います。

## 1 「他力仏教」の歴史的意味

親鸞は自らの仏教を「他力廻向」の教え、その他の仏教を「自力」の教えと呼んで区別しました。法然の教えにも自力の要素が含まれており、徹底した「他力仏教」ではありません。他方、他力あるいは自力の放棄といったことは親鸞の思想に特有のものではありません。例えば、道元にも「仏道をならふといふは、自己をならふ也。自己をならふというは、自己をわするるなり」(『正法眼蔵』「現成公案」)という有名な言葉があります。「自己を忘れる」ということは自力の放棄を意味しているでしょう。

それに対して親鸞の「他力」には独特の構造があり、その仏教史的な意味は重層的です。親鸞の「他力」の世界を構成する要素としては「阿弥陀仏」「本願」「名号《みょうごう》」「浄土」「罪業《ざいごう》」「摂《せっ》取不捨《しゅふしゃ》」「信心獲得」「廻向《えこう》」「即得往生《そくとくおうじょう》」「不退の位」「真仏・方便仏」「一味《いちみ》」「自然《じねん》」その他が挙げられるでしょうが、それぞれの概念や相互関連を理解するには、先ず親鸞の「他力仏教」が有する仏教史上の意味や親鸞の意図を確認しておくことが有益と思われます。

ここでも上田義文の議論を参考にしたいと思いますが、親鸞は法然の「選択本願《せんじゃくほんがん》の念仏」という思想を受け継ぎ、それをさらに徹底させ、それが他力廻向であることを明らかにすることによって、法然が開いた新しい仏教の基盤を強化しようとしたと言うことができるでしょう。しかしながら、他力廻向という思想は親鸞において初めて成立したものです。法然の場合は、本願を信じるということは、念仏が往生浄土の正定業《しょうじょうごう》（往生の正因となる行い）であることの根拠に止まり、念仏の行《ぎょう》そのものは人間がするもので、「ひねもすとなえ、よもすがらとなえて、いよいよ功徳をそえ、功をかさねる」（『唯信鈔』）必要がありました。それに対して親鸞の場合は、念仏の行そのものも、信とともに如来から賜るものであり、称名の行が人力から仏力へと一変したのです◆2。

しかも、そのような新しい仏教の確立を経・行・証という仏教一般の基本的な様式に当てはめて成し遂げたところに親鸞の大きな独創性がありました。そのような親鸞の意図は、一般に『教行信証』として知られる親鸞の主著の書名がもともとは『顕浄土真実教行証文類《けんじょうどしんじつきょうぎょうしょうもんるい》』であったことによく表れています。「文類《もんるい》」とは文を集めたものという意味であり、第一巻から第六巻までの巻ごとにいちいち「愚禿釈親鸞集《ぐとくしゃくしんらんしゅう》」と記されています。「浄土真実の教行証」は親鸞の自説を顕《あら》わしたものではなく、もろもろの聖教の中にすでに多く説かれているものであることを示すことが目的であったことがわかります。そうすることによって親鸞は法然から受け継いだ念仏成仏の新仏教を真実のまた正統な仏説として打ち出したのです。[3]

親鸞がいわゆる『教行信証』を著したことには、法然から受け継いだ新仏教が伝統仏教の側から邪教だとして非難されたことへの対策という意味が確かにあったでしょう。[4] しかしながら、その背後には『教行信証』の後序に見られるような絶対の自信があり、それは上田や大拙がしばしば指摘しているように、親鸞の深い宗教体験に基づくものであったはずです。その後序には、「まことによろこばしいことである。心を本願の大地にうちたて、思いを不可思議の大海に流す。深く如来の慈悲のおこころを知り、まことに師の厚いご恩を仰ぐ。よろこびの思いはいよいよ増し、敬いの思いはますます深まっていく。そこで、いまここに浄土真実の教えをあらわす文を抜き出し、往生浄土のかなめとなる文を集めたのである。ただ仏の恩の深いことを思うのみであり、世の人のあざけりも恥とはしない。この書を読むものは、信順すればそれが因となり、疑い謗《そし》ってもそれが縁となり、本願のはたらきによって真実の信を得、浄土においてすぐれたさとりを得るであろう」[5] とあります。

三木清もまたその「親鸞」[6] の冒頭で、次にように、親鸞の思想は深い体験に浸透されており、その著述の魅力もそのような深い体験に裏打ちされていることにあると述べています。「親鸞の思想は深い体験によって浸透されている。これは彼のすべての著作について、『正信偈』や『和讃』のごとき一種の韻文、また仮名で書かれたもろもろの散文のみでなく、特に彼の主著『教行信証』についても言われ得ることである。『教行信証』はまことに不思議な書である。それはおもに経典や論釈の引用から成っている。しかもこれらの章句があたかも親鸞自身の文章であるかのごとく響いてくるのである。いわゆる自釈の文のみでなく、引用の文もまたそのまま彼の体験を語っている。『教行信証』全篇の大部分を占めるこれらの引文は、単に自己の教えの典拠を明らかにするために挙げられたのではなく、むしろ自己の思想と体験とを表現するために借りてこられたのであるとすれば、その引文の読み方、文字の加減などが原典の意味に拘泥《こうでい》することなく、親鸞独自のものを示しているのは当然のことであろう。……実に親鸞のどの著述に接しても我々をまず打つものはその抒情の不思議な魅力であり、そしてこれは彼の豊かな体験の深みから溢れ出たものにほかならない。」

引用が長くなりましたが、ここで三木が述べていることには、『歎異抄』の現代的魅力を探ろうとする本書の試みにとって重要なヒントがいくつか含まれていると思われます。まず一つは、親鸞の体験の深さとその特徴です。宗教的思想が体験に基づくことは当然ですが、それぞれに深さと特徴があると思われます。その点、親鸞の宗教的体験は仏教史を画すほど深く確固たるものであったと言うことができるでしょう。また、宗教的体験の特徴という点に関しては、先にみた鈴木大拙の「日本的霊性」の場合と同じことが当てはまるものと思われます。つまり、宗教的体験も普遍的な体験に基づく一方で、それが個々の具体的体験として現れるときには、東洋的、日本的、仏教的、浄土教的、真宗的、等々の特徴を示すものと考えられます。親鸞の著述の魅力は親鸞の体験にあるという三木の指摘はさすがに的確であり、現代における親鸞の魅力は、その体験が深いというだけでなく、その特徴にあるものと思われます。つまり、「一人」や「悪人正機」や「即得往生」など親鸞の仏教の基本的概念の背景にはすべて深い体験があり、その体験が現代の私たちの体験と共鳴することが、私たちが親鸞に魅力を感じるということであり、親鸞の思想が今日的意義を有しているということだと思われます。

もう一つは『教行信証』の特徴と重要性についてです。これもまた体験の問題と深くかかわっていますが、『教行信証』における親鸞の姿勢はシュタイナーの場合とよく似ていると思われます。シュタイナーは次のように述べています。「私の霊界認識は、私自身の直観の結果である。……私が直観によって得たものたちは、はじめは名前を持たずに、『直観内容』として心の中に生きていた。私がそれらを人に伝えるためには、それらを言葉で表現しなければならない。そこで私はあとになって、言葉のないものを言葉で表すために、霊界についての以前の文献の中に、そのような言葉を探し求めた。私はそのような言葉を自由に用いたので、私の

用いた言葉は、ほとんど一つとして、もとの文献におけるときと同じ意味で用いられてはいない。」[7]（傍点は原著者）

親鸞の『教行信証』の場合も、三木が述べているように、その大部分を占める引文は自らの仏教を真の仏教として打ち出す根拠を示すためだけに挙げられたものではなく、むしろ自らの思想と体験を表現するために借りてこられたものであるとすれば、それが親鸞独自の読み方を示すことは当然です。三木の指摘はここでも非常に的確だと思われます。自らの体験が先にあるのでなければ、ほとんどが経典や論釈の引用から成る『教行信証』のような書物を書き上げることは困難でしょう。[8]

なお、三木が「親鸞の思想の特色は、仏教を人間的にしたところにある」という見方を肯定している点に若干触れておきたいと思います。[9]三木は、親鸞の思想が人間的と言い得るのは、親鸞が常に「生の現実」の上に立ち、「体験」を重んじ、その思想には「知的なものよりも情的なものが深く湛《たた》えられている」からであり、「生への接近、かかる現実性、肉体性とさえい い得るもの」が親鸞の思想の特徴をなしている、と述べています。これはもちろん、親鸞の思想が単に主観的であることを意味しているわけではないでしょう。単に主観的な思想であれば、多くの人に、しかも七百五十年も後の今日の私たちに訴えるということはないでしょう。もっとも、宗教的経験が単なる主観的経験と誤解され得る理由は確かにあるのであって、その一つは、宗教的経験とは「一人」の経験であることによるものと思われます。しかし、これはいわば主観的な自己意識の底を破った「一人」であって、その経験の今日的重要性についてはすでに述べたとおりです。

親鸞の思想が人間的であるということは、「生の現実」の上に立っているためだという三木の指摘は的確だと思われます。そこには「知的」なものも「情的」なものも、「肉体性」とさえいい得る現実性も含まれているでしょう。「生の現実」の上に立つということは、生を肯定することであり、煩悩具足の凡夫を積極的に生きるということです。ここに法然までの浄土仏教と親鸞の仏教との根本的な違いがあります。大乗仏教の本流に戻った親鸞の仏教は、仏凡一体、即得往生、二種の廻向（往相・還相）の立場に立ちます。

二種廻向の凡夫の立場と単なる凡夫の立場には根本的な違いがあります。二種廻向の凡夫の立場においては、日常の凡夫の立場を見通すことのできる新たな意識ないし目が開かれています。そのような凡夫の立場の顕著な現れがいわゆる妙好人《みょうこうにん》であり、例えば、「わしのこころと、をやさまわ、／こころひとつの、なむあみだぶつ」◆10といった歌にその境位がよく表されていると思われます。妙好人の出現は親鸞の教えの正しさを証明しているだけでなく、妙好人は現代人が目指すべき人間像を提示しているとも言えそうです。それが『歎異抄』も含めた親鸞の思想の現代性なのではないか、西田幾多郎の歴史的観点からすれば、初めて宗教が歴史的になった、その現実の姿が妙好人なのではないかと思われます。

人には誰にもそれぞれの宗教体験があるとしても、法然と親鸞の宗教体験の規模、いわば宗教的エネルギーの爆発の規模は仏教史を画すほどのものでした。「法然が成し遂げたところの、聖道諸教のすべての行の選捨ということは、言葉をかえていえば、釈迦から法然までのすべての仏教は、今の時機に相応しないものとして無価値であると宣言することに外ならないから、そういうことは未だ嘗て仏教史上にないこと」[11]（傍点は原著者）でした。

法然は自力の聖道諸教のほうこそ邪教だとしたのです。その法然の教えを受け継いだ親鸞における「他力仏教」の成立が何を意味したのかと言えば、実はそれは却って仏教の原点への回帰を意味したと言えます。換言すれば、法然・親鸞の「他力仏教」は仏教の復興を目指したものであり、そこには濁世末法の時代という歴史観があります。

すでに述べたことですが、禅の立場に立つ鈴木大拙や西谷啓治が親鸞の思想を深く理解できた理由も、それが仏教の核心を捉えていることによるものと思われます。それはまた『歎異抄』が有する現代性の大事な要素でもあると思われます。親鸞の思想が仏教の核心に迫るものであり、現代の時代的要請に応えるものであるとすれば、時代は真の仏教を求めているということになります。しかも、「まえがき」で述べたように『歎異抄』が世界的に多くの人々に読まれているということは、真の仏教が世界的に求められていることでもあります。

シュタイナーもまた現代における仏教の役割について論じています。その場合、仏教は基本的にキリスト教との関係において取り上げられています。なぜなら、「キリスト教の出現は人類の進化全体にとって大きな転換期であった……今日私たちの周囲に生じていること、人間の魂が体験しうることは、地球の歴史におけるキリスト事件の意味全体を注視することなしには、よく理解できない◆12」という認識に基づいているからです。例えば、シュタイナーは次のように述べています。◆13

「キリスト・イエスのなかで、それ以前の人類の霊的な流れのすべてが合流し、同時に、新生した」のであり、合流した流れの主なものとしては、「ゾロアスター教の流れ」、「紀元前六世紀におけるゴータマ仏陀の出現によって頂点に達した流れ」、「古代ヘブライ民族のなかに表現された流れ」がある。「ゴータマ仏陀として受肉した人物」がどのような人物であったかを知るには「人類は次第に進化してきた」ということを知らなくてはならない。今日の人間の能力が昔から存在していたというのは誤りである。例えば、「良心の声」というものがあるが、それが人類の進化の過程で発生した時期を知ることができる。良心に関する記述はアイスキュロス〔BC五二五頃～BC四五六〕では見られず、エウリピデス〔BC四八四／四八〇～BC四〇六〕に至って初めて現れる。したがって、ギリシア人はその間に良心という概念を形成したのであり、そのほかの人間の能力も同様に次第に発生してきたのである。

「慈悲と愛の教え」というものも昔の人間は有していない。昔は、どのように振舞うべきかは、そのために委任された人物（導師）によって示された。この慈悲と愛の領域における導師たちは、さらに高次の導師たちの下にあり、その彼ら全体が慈悲と愛の菩薩と呼ばれる導師の下にあった。そして、この菩薩は通常の人間のような受肉をせず、その存在のすべてが物質的な人間の中に現れるということはなかった。彼の霊的実質は霊的世界に達しており、霊的世界から彼が地上の人類の中に流し込むべき衝動を取り出してきた。この菩薩こそのちにゴータマ・シッダルタとしてインドに再受肉し、仏陀の位階に至る菩薩であり、この受肉において彼の個体全体が肉体の中に入り、そのことによって彼は霊感を通して慈悲と愛の教えを受け取るだけでなく、自分の内面を見て、自分の心の声として慈悲と愛の教えを受け取ることができるようになった。これが二十九歳のときの菩提樹下における仏陀の悟りであり、慈悲と愛の教えが霊的世界から独立したかたちで人間の魂の所有物として現れたのである。

人間が有する能力はいずれもこのような経過を辿って発生してきたものであり、ある人物に特定の能力が発生すると次第に他の人々もそれを自己の能力として発展させることができるようになる。これが東洋哲学で「転法輪」と呼ばれるものである。こうして、ますます人間は自分の中に慈悲と愛の教えを見出すようになり、紀元後三千年頃には、地上の多くの人が仏陀が見出したものを自身の心の中で発展させ得るようになる。そのとき、この面における仏陀の地上での使命が成就する。

シュタイナーの世界観の基本テーマは、単なる文明や文化ではなく、人類ないし個々の人間自体の発展あるいは進化です。そして、その進化はまず「事件」ないし「衝動」としてある特定の時代の特定の人物に現れることによって徐々に人々の間に広まっていくと理解されています。仏陀やイエス・キリストの出現はそのようなものとして、人類の歴史を画す大きな衝動をもたらす出来事として捉えられています。仏陀の悟りによってもたらされた衝動とは、人間が慈悲と愛の教えを心の声として聞くことができる能力を獲得することを促すものです。現在はなおそのような能力を人々が獲得していく過程にあり、それは紀元三千年頃まで続くと見られています。その頃になると現在、弥勒菩薩と呼ばれている存在が仏陀とは別の使命を担って弥勒仏になりますが、そのこととキリスト衝動との間には密接な関係があるというのがシュタイナーの理解です。◆14

シュタイナーは「仏陀は、人類にもたらすべきものを、六百年後、キリスト教をとおして開かれた道のなかに注ぎ込んだ。……大きな全体の流れのなかの傍流として、彼がもたらすべきものを注ぎ込んだのである」[15]と述べています。先にみた（「序章」の3）ヘルマン・ベックはこのような認識に基づいてそれ以後の仏教には興味を示さなかったのでしょう。しかし、仏教は現在の衝動であり、それは遠く将来にまで及ぶというのがシュタイナーの認識です。

それでは本流としてのキリスト衝動とは何でしょうか。しかし、現在の人間にはそれはまだよくわからない、聖書もまたいまは十分に理解できない、というのがシュタイナーの立場です。他方、仏陀によってもたらされた能力を獲得するということは仏陀の悟りを知るということであり、それはつまり自ら悟ることを意味するものと思われます。「ゴルゴタから発した流れは人々の内面に作用するだけでなく、地球存在全体を貫くという形で、人々に受け入れられます」「仏陀の霊統の中には私たちが人間として関わるもの全てが含まれています。キリスト存在の中には宇宙的な特質が存します。菩薩は皆、地上で生きる個々人から発展した、地球に属する存在です。キリストは太陽からやって来て、ヨハネによる洗礼を通して初めて地球に歩み入り、三年間だけナザレのイエスの肉体の中に存在しました。地上では三年間しか働けないと決められているのがキリスト存在の特徴です」とシュタイナーは述べています。[16]「人々の内面に作用する」という側面については、将来、シュタイナーのいう「意識魂」と「霊我」との融合が、進歩した文化がまだ霊性の残っている地域に移行するところ、すなわちヨーロッパで最初に生じるというのがシュタイナーの理解です。[17]「意識魂」とは「意識的自己」が発達する場であり、「霊我」とは現在は萌芽状態にある人間の将来的な構成要素です。

キリスト教の流れの中に仏教の流れが注ぎ込んでいるというのは具体的にどういうことかと言いますと、例えば、ルカ福音書には仏教的世界観が全て流れ込んでおり、「ルカ福音書から流れ出るものは仏教だ」と言うことができるというのがシュタイナーの理解です。[18] ただしその場合、「仏教の霊的結晶は紀元前六世紀にインドで人類に贈られた時よりももっと高められた形で」、仏教的愛・仏教的慈悲以上のものが流れ出しているのであり、そこには「慈悲と愛の行為への転移」と呼び得る変化が起きていて、「仏教徒は病人の苦しみを共に感じる」ことができるのに対し、「ルカ福音書にあるのは、病人に手を差し延べ、癒そうとするようにという要請」だとシュタイナーは述べています。[19]

一方、二十世紀の初めにシュタイナーは、「いま私たち」は「キリスト教と仏教の合流点に立っている」という認識を有していたのであり、「西洋の文化を実り豊かにしうる仏教は、昔の姿で現われるのではなく、変化した姿で現われる」「仏陀が紀元前五、六世紀の地点に立ちどまっているかのように語るのは誤りである。君たちは、仏陀が進化していないと思っているのか。君たちは、当時正しかった教えを、いまなお語っている。……私たちは進化した仏陀を見る。仏陀は霊的な高みから、人類の文化に絶えざる影響を及ぼしている。……霊の領域でさらに進化した仏陀を、私たちは見る。この仏陀は今日、私たちに大切な真理を語る」と述べています。[20]

このときシュタイナーが言及している仏陀の流れのなかの一つの要素が「輪廻転生とカルマの理念」です。しかし、「現代の研究者、思想家は……とりわけ輪廻転生とカルマの理念を特徴とする傍流を正しい方法で受け取り、消化することができていない」「これらの傍流はどれも、私たち〔ヨーロッパのキリスト教徒〕の世界観、精神科学＝霊学を解明しない[21]」と述べています。シュタイナーの精神科学は輪廻転生とカルマの法則を説きますが、それは仏教の古い理念ではないというのです。

また、すでに明らかなように、シュタイナーの説く人類ないし人間の進化の概念は民族や文化の概念と密接に結びついています。この問題に若干目を向けますと、「『その〔思考〕能力がアブラハムひとりのものにとどまるのではなく、人類全体のものになるには、どのような経過をたどるべきか』と、考えねばならない。思考は物質的頭脳に結びついている。いかにして、それは人類の共通財産になるのか。肉体的な遺伝をとおして、共有財産となるのである。つまり、彼からある民族が発生し、全人類的な使命を果たすまで、その特徴を遺伝していかねばならなかったのである。アブラハムからひとつの民族が発生しなければならなかった。単に、『霊視的に受け取ったものを教えることができる』と教える文化ではなく、ひとつの民族が発生しなければならなかった」[22]とシュタイナーは述べています。シュタイナーにおいては文化というものや肉体的遺伝と結びついた民族というものが非常に具体的に捉えられていることがわかります。そのような観点からすれば、本小論の範囲を超えますが、「日本的霊性」ということについても、抽象論ではなく具体的に論じる必要があるのかもしれません。

現代における仏教の役割という問題から議論がだいぶ拡散してしまいましたが、話を元に戻しましょう。『歎異抄』ないし親鸞の思想が仏教の核心に迫るものであり、しかもそれが今日の世界的な要請に応えるものであるとすれば、そこで求められているのは親鸞独特の仏教というよりも真の仏教ということになるという議論でした。

ただし、右のようなシュタイナーの理解に立てば、その場合の真の仏教とは釈尊が紀元前五、六世紀に説いた古い教えではなく、釈尊が霊的世界からまさしくいま説いている教えでなくてはなりません。『歎異抄』に現代的な意義があるとすれば、それはそのような現在の新しい教えを反映しているからだと思われます。

「他力」の問題に戻りますと、「他力」ということ自体は他の宗派にも言えることであって、法然や親鸞の思想に独自のものとはいえません。先に道元の言葉を挙げましたが、同様のことは「十牛図」としても描かれています。[23]

法然は従来の仏教を「自力聖道門」として選捨し、自らの仏教を「他力門」として区別しましたが、「他力」という表現は誤解を招く恐れがあります。従来の仏教と法然の仏教との大きな違いは「自力」と「他力」の違いにあるというよりも、出家仏教と在家仏教の違いにあり、これが仏教史に残る法然の画期的偉業の核心ではないかと思われます。在家仏教の成立によって、成仏の道がすべての凡夫に開かれたのです。◆[24]

親鸞は法然の他力の在家仏教の思想を更に徹底させて仏教の本流に位置付け、それによってキリスト教の宗教改革に比肩するような仏教の改革を成し遂げたと言えるのかもしれません。しかし、それだけでは、親鸞は単に法然の仏教を継承発展させたというだけであって、新たに真宗が興らねばならなかった理由は見えてきません。

親鸞と法然との重要な違いは浄土往生（臨終業成《りんじゅうごうじょう》）と即得往生（平生業成《へいぜいごうじょう》）との差にあります。浄土往生と即得往生の重要な違いは現世を積極的に肯定するか否かです。在家仏教と現世を肯定する即得往生が結び付いたところに初めて歴史の世界が開けます。法然・親鸞の仏教改革によって何が実現したのかといえば、宗教が歴史的になったのです。これが、西田が真宗に期待した本質的な理由ではないかと思われます（「序章」参照）。

一方、即得往生と現世肯定の立場という点では禅宗も真宗と同じですが、禅宗の場合は、己事究明によって明らかになった本来の自己は人類の歴史にそれほど関心を示さないと言えるでしょう。その仏凡一体の世界には歴史もまた含まれるとしても、禅の場合は「仏」の立場に傾き、「凡夫」としての具体的歴史の世界は看過されがちです。これに対して、親鸞の立場は仏凡一体における「凡夫」の立場であり、それは西田が指摘しているように、これまでは必ずしも意識あるいは重視されてこなかったとしても、仏教を現実的・歴史的にしたことが親鸞の仏教の今日的意義の核心をなすものと思われます。

## 2 「摂取不捨」の構造

『歎異抄』の第一条は、「弥陀の誓願不思議にたすけられまゐらせて、往生をばとぐるなりと信じて念仏申さんとおもひたつこころのおこるとき、すなはち摂取不捨の利益にあづけしめたまふなり」という言葉で始まっています。ここでは「摂取不捨」の構造に目を向けてみたいと思います。

「摂取不捨」とは「摂《おさ》め取って捨てない」ことです。そこには摂取するものとされるものとの区別があります。摂取されるのは衆生で摂取するのは仏です。仏に関しては真仏と方便仏たる阿弥陀仏との区別と関係が問題になりますが、この点については次章で取り上げたいと思います。また、これから検討を進めるに当たってもう一度確認しておきたいことは、親鸞は単に仏教の教えを紹介しているのではないということです。「弥陀の誓願不思議」も「摂取不捨」も親鸞の確固たる宗教体験に基づいたものでなければなりません。先に宗教的エネルギーという言葉を使いましたが、それは単なる知識としてではなく、直接的な体験として噴出したはずです。すでに見たとおり、親鸞の主著『教行信証』も親鸞の宗教体験を証明しようとしたものであり、そうでなければ『教行証文類』と題するような経文の引用集をまとめることはできなかったでしょう。それはシュタイナーの場合も同じです。

「摂取不捨」も『観無量寿経』にそう説かれているから信じなさい、というのではないでしょう。親鸞は実際に「摂取不捨の利益」にあずかった自らの体験を語っているはずです。「弥陀の誓願不思議」には実際にそれを経験した者の驚きや感嘆や称賛の気持ちが表れていると思われます。

親鸞が「摂取不捨の利益」にあずかったということは、自在に仏の立場と衆生の立場を往き来できるということです。実際、「摂取不捨」は仏と衆生との関係を仏の側から言ったものであり、これを衆生の側から言うと「摂取にあずかる」「信楽《しんぎょう》を獲得する」「信心をうる」「信心がさだまる」「本願海に帰入する」「他力不思議に入る」などとなります。◆[25] 仏の立場と衆生の立場を自在に往き来するという状態は妙好人の言葉からも見て取ることができます。例えば、浅原才市は「才市や、如来さんわ、だれか。／如来さんか（い）。／へ。如来さんわ、才市が如来さんであります。」と述べています[26]。

このように摂取する仏の側と摂取される衆生の側とを自在に往き来できるということは、両者の間に断絶がないことを示しています。それはまた、「念仏申さんとおもひたつこころのおこるとき、すなはち摂取不捨の利益にあづけしめたまふなり」の「とき」にもかかわる問題です。つまり、その「とき」以前の衆生と仏との間にはどのような関係があったのか、という問題です。実は、この点の解釈に、法然とは異なるという意味で親鸞の独創性が、また本来の仏教の思想に一致するという意味でその普遍性があると思われます。

親鸞の立場は、例えば「それおもんみれば信楽を獲得することは、如来選択の願心より発起す」（『教行信証』信巻の序文）に表されています。人間が信心を得ることができるのは、如来の願心によるというのです。つまり、人間は信心を得る前からすでに如来の願心にあずかっていたのであり、「念仏申さんとおもひたつこころのおこる」のもまた如来の願心によるのです。言葉を換えていえば、自力は最初から他力に摂取されていたのであり、自力は他力によって初めて可能になるのです。

このような自力と他力の関係は決して親鸞特有の解釈というわけでなく、禅でも同じであることは先に見たとおりです。鈴木大拙は「知性上の分別を自力と云い、霊性に照らされた知性、即ち無分別の分別を他力と云う」と述べています。[27]

ただし、それによって、かつてインドにも中国にも日本にもなかった『無量寿経』第十八願の解釈が生まれ、徹底した他力廻向の仏教が成立する根拠が見出されることになったのです。浄土教の根幹をなす第十八願とは「たとい、われ仏となるをえんとき、十方の衆生、至心に信楽して、わが国に生れんと欲して、乃至《ないし》十念せん。もし、生れずんば、正覚をとらじ。ただ、五逆（の罪を犯すもの）と正法を誹謗するものを除かん[28]」というものですが、親鸞はこの書き下し文のようには解釈していません。

親鸞は『尊号真像銘文《そんごうしんぞうめいもん》』の中で、第十八願の文を引きながら次のように述べています。「『十方衆生』といふは、十方のよろづの衆生といふなり。『至心信楽《ししんしんぎょう》』といふは、至心は真実と申すなり、真実と申すは如来の御ちかひの真実なるを至心と申すなり。煩悩具足の衆生は、もとより真実の心なし、清浄の心なし、濁悪邪見《じょくあくじゃけん》のゆゑなり。『信楽』といふは、如来の本願真実にましますを、ふたごころなくふかく信じて疑はざれば、信楽と申すなり。この『至心信楽』は、すなわち十方の衆生をしてわが真実なる誓願を信楽すべしとすすめたまへる御ちかひの至心信楽なり、凡夫自力のこころにはあらず。『欲生我国《よくしょうがこく》』といふは、他力の至心信楽のこころをもつて、安楽浄土に生れんとおもへとなり。[29]」

親鸞は「至心信楽」を、衆生が至心に信楽するという意味ではなく、十方衆生に対して如来が、「わが真実なる誓願を信楽すべしとすすめたまへる御ちかい〔誓願〕」を意味していると解釈します。次の「欲生我国」も、浄土に生れたいと願う衆生の心を意味しているのではなく、「他力〔如来の本願力〕の至心信楽の心をもって安楽浄土に生れたいとおもえ」と衆生に呼びかけて下さる如来の呼び声であるという解釈になります。このような第十八願の「至心」「信楽」「欲生」という三心が親鸞のいう「信心」であり、それが親鸞の他力廻向の仏教の拠り所をなしていますが、『唯信鈔文意』では「この信心は摂取のゆえに金剛心となれり。これは『大経』の本願〔第十八願〕の三信心なり」「『観経』の三心をえてのちに『大経』の三信心をうるを、一心をうるとは申すなり。このゆゑに『大経』の三信心をえざるをば、一心かくると申すなり[30]」と述べています。摂取不捨の真実信心とは『観経』の三心ではないと親鸞はわざわざ断っているのですが、その『観経』の三心（至誠心・深信・廻向発願心）は法然も善導から受け継いで重視したものです[31]。

ここに法然の教えと親鸞の廻向他力の仏教との決定的な違いがあります。これは単なる解釈の相違ではなく、背後にある両者の宗教体験の違いによるのではないでしょうか。こうして、鈴木大拙が「浄土系思想は、インドにもありシナにもあったが、日本で初めてそれが法然と親鸞とを経て真宗的形態を取ったという事実は、日本的霊性即ち日本的宗教意識の能動的活現に由るものといわなければならぬ[32]」と述べたように、日本において初めて浄土真宗が出現したのです。

この場合、上田が指摘しているように、中国では真宗が出なかったということには、中国では善導までは出たが法然は出なかったということ、善導には法然の「選捨」がなかったということでもあります。[33] その点からすれば、親鸞は法然の道を徹底させたということができるでしょう。法然の「選捨」の背景には親鸞にも共通する末法史観があります。しかしながら、法然の仏教史的重要性は「選捨」そのものではなく、在家仏教の確立にあるのではないかと思われます。すでに繰り返し述べましたように、大乗仏教は基本的に他力の宗教であり、その意味で、法然の仏教は「選捨」によって却って単なる仏教の一派に成り下がってしまったのであり、親鸞の努力はその法然の仏教を仏教の本流に戻すことにあったと言うことができるでしょう。

以上のように、親鸞が法然に負っている重要な点は在家仏教という新たな道が開かれたことにあると思われます。それは煩悩具足の庶民が誰でも救いに与ることのできる道であり、ルター（一四八三〜一五四六）の宗教改革に類する意味合いがあるものと思われます。野間宏も「ルターは宗教改革によって、その時代の求めるところに応えてキリスト者を古い法王庁の束縛・戒律から解放し、ひとりひとりを直接にキリストに向かわせるという大きな転回作業をなしとげたとはいえ、ついには農民を権力に売り渡したが、ルターよりも三百年前に生れた親鸞は、最後まで農民、漁民、商人、その他当時の被支配階級のなかにあって、何一つ裏切り行為をすることがなかった」とする服部之総の評価を支持しています。[34]

また、親鸞の独創性と仏教史的業績の一つは法然から引き継いだ在家仏教をさらに徹底させたところにあるという場合、徹底させたということには重要な転換が含まれています。それは浄土往生から即得往生への転換です。即得往生によって、浄土仏教は初めて徹底的に他力になったのであり、またそれによって仏教が初めて現実的・歴史的になる可能性が開かれたのです。

親鸞の「摂取不捨」ないし「信心獲得」は、「不退転」の経験でもあります。信心を獲得すれば二度と元に戻ることはない、それが「信心獲得」というものだというのです。親鸞は『教行信証』の信巻で、「また信には二種ある。一つには、ただのさとりへの道があるとだけ信じるのであり、二つには、その道によってさとりを得た人がいると信じるのである。ただのさとりへの道があるとだけ信じて、さとりを得た人がいることを信じないのは、完全な信ではない」[35]という『涅槃経』の言葉を引用していますが、親鸞の確信と自信が感じられます。

このような「摂取不捨」の構造にはシュタイナーの説と似ているところがあります。ここでは、「不退転」ないし「不退の位」に入るということに関して若干触れておきたいと思います。シュタイナーによれば、現代の人間には超物質的・超感覚的世界を認識する能力の獲得が求められていますが、そのような能力の獲得もまた不退転の経験ということができると思われます。

単なる知識は次第に失われますが、そのような能力は人間の内部に覚醒するもので、その後失われることはないと考えられます。超感覚的世界を認識する能力を獲得するということは、霊的世界ないし霊性に目覚めるということです。この目覚めないし覚醒は「不退の位」に入ることに相当するものと思われます。一方、人間は霊的世界に目覚めてもそのすべてを一気に知ることができるのではなく、徐々に理解を深めること、あるいは次第に高次の世界に達すること、または高次の存在となることが求められている、というのがシュタイナーの説くところです。それは、次章で改めて取り上げるように、「不退の位」に入り「無上涅槃」に至る過程に似ていると思われます。

また、そのような目覚めはいわゆる直観として訪れます。単なる知識の獲得が自力によるものとすれば、そのような直観の可能性は自力が行き詰まったところに初めて開かれるものと言えるでしょう。そして「不退転」の根拠は、それが自力ではなく他力に依る出来事であるところにあるものと思われます。

## 3　「時」の問題

『歎異抄』第一条冒頭の言葉にもう一度目を向けてみたいと思います。それは「弥陀の誓願不思議にたすけられまゐらせて、往生をばとぐるなりと信じて念仏申さんとおもひたつこころのおこるとき、すなはち摂取不捨の利益にあづけしめたまふなり」です。

「念仏申さんとおもひたつこころのおこるとき」というのは「信心決定の時」「信心獲得の時」です。その「時」は日常的または歴史的時間でありながら、それを超えた「時」でもあります。この点に関連して、上田は信の一念と行の一念との違いということを論じています。[36] 両者はどちらも如来の願心であり、一体でありながら、南無阿弥陀仏という言葉で示される行の一念は時間に無関係であるのに対して、心に起こる信の一念は時間を意味しており、したがって行・信が廻向される時というものがはっきり言えるのは信である、というのが上田の理解です。上田の主張の要点は、行は他力廻向された行である故に時間に関係がないのに対して、信心決定・信心獲得の時というのはそれが凡夫の立場において信の廻向される時であることによると考えられます。

ここでは、本書がテーマにしている『歎異抄』の現代性という観点から、行の一念と信の一念との相違ではなく、上田の「時」の解釈に注目しますと、それは日常的時間ではあっても必ずしも歴史的時間を意味するものではないと思われます。その要因としては、もともと親鸞の思想が、末法史観の上に成り立っているとはいえ、「親鸞が罪業とか悪業という言う場合の

『業《ごう》』という概念は、無始の過去から積み重ねてきた悪を意味している」[37]と言われるように、具体的な歴史的時間に対する意識に乏しいことがあるのでしょう。また、『歎異抄』が今日読まれるのは、それが時代を超えた真実を述べているからであるということも言えるでしょう。

しかし、『歎異抄』の重要性はそれだけではないと思われます。繰り返しになりますが、西田幾多郎は「その源泉を印度に発した仏教は、宗教的真理としては、深淵なるものがあるが、出離的たるを免れない。大乗仏教といえども、真に現実的に至らなかった。日本仏教においては、親鸞聖人の義なきを義とすとか、自然法爾《じねんほうに》とかいう所に、日本精神的に現実即絶対として、絶対の否定即肯定なるものがあると思うが、従来はそれが積極的に把握せられていない」「真の他力宗は、場所的論理的にのみ把握することができるのである。而してそれによって悲願の他力宗は、今日の科学的文化とも結合するのである。しかのみならず、今日の時代精神は、万軍の主の宗教よりも、絶対悲願の宗教を求めるものがあるのではなかろうか」[38]と述べています。

西田は親鸞の仏教に科学的文化とも結合し得る、これまでなかった現実的仏教の可能性を見出し、それが今日の時代精神の要請でもあると見ているのです。このような西田の立場は上田の日常的時間の立場に対して歴史的時間の立場ということができるかもしれません。『歎異抄』の今日的意義はこの歴史的時間の立場に立つことによって初めて的確に捉えられるように思われます。

親鸞における時間の問題に関して上田は西谷啓治の論文「親鸞における『時』の問題」を高く評価しています。[39]西谷もまたこの論文[40]の中で「歴史的現実的」あるいは「時代」「世界史」といった言葉を使っています。しかし、西谷の理解は、西田が「大乗仏教といえども、真に現実的に至らなかった」と述べた、その大乗仏教の立場に立つものと思われます。いま上田の立場を「日常的時間の立場」として西田の「歴史的時間の立場」と区別したのもその意味においてです。

さて、上田は親鸞の宗教が従来の浄土教と異なり、現在中心の宗教であることに注意を促していますが、私たちが『歎異抄』を読む場合にもこの問題が重要になります。

「従来の浄土教が、死後の浄土を目指して進む巡礼の旅であったのに対して、親鸞の浄土教は『臨終一念の夕に往生すると同時に大般涅槃を超証する（無上仏になる）』ことに決定して、現在の常住なるものに安住する、いわば現在中心の宗教である。彼が『如来より御ちかひをたまはりぬるには、尋常の時節をとりて臨終の称念をまつべからず』と言って、従来の臨終来迎の思想を強く否定したところに、従来の浄土教との違いがはっきりと現れている。その相違は時間論の相違としてはっきり現れていると同時に、浄土という思想の相違ともなり、不退の位についての相違ともなって、思想の体系的構造が全く違うものとなっている。[41]」

『歎異抄』第九条の親鸞と唯円との問答も、親鸞の他力仏教が「尋常の時節」に「如来より御ちかひをたまはりぬる」、廻向の他力仏教であることを踏まえて解釈することが重要だと思われます。「また少しでもはやく浄土に往生したいという心もおこってこないのは、どのように考えたらよいのでしょうか」という唯円の問いに、「浄土にはやく往生したいという心がおこらず、少しでも病気にかかると、死ぬのではないだろうかと心細く思われるのも、煩悩のしわざです。……どれほど名残惜しいと思っても、この世の縁が尽き、どうすることもできないで命を終えるとき、浄土に往生させていただくのです◆42」と親鸞は答えています。この部分だけからしますと、従来の浄土教と同じように「死後の浄土を目指して進む巡礼の旅」の立場が前提になっているかのように見えます。しかし、「喜ぶはずの心が抑えられて喜べないのは、煩悩のしわざなのです。そうしたわたしどもであることを、阿弥陀仏ははじめから知っておられて、あらゆる煩悩を身にそなえた凡夫であると仰せになっているのですから、本願はこのようなわたしどものために、大いなる慈悲の心でおこされたのだなあと気づかされ、ますますたのもしく思われるのです」という親鸞の答えは、「如来より御ちかひをたまはりぬるには、尋常の時節をとりて臨終の称念をまつべからず」という立場からなされているものと思われます。

この第九条の問答では、唯円が凡夫の立場で質問しているのに対して、親鸞は仏の立場と凡夫の立場を自在に往き来しながら答えているものと思われます。

親鸞の現在中心の仏教が成り立つもとには往相と還相という二種の廻向があり、そこに「不退の位」というものが結びついています。上田によれば、[43]「不退の位」は一般の大乗にも認められるものですが、親鸞の「不退の位」は、一般の大乗仏教とも、インドから中国を経て日本に至る浄土教史に現れたどの祖師とも違う、まったく独特のものです。また、「不退の位」に到ることは「即得往生」といわれ、浄土教史における伝統的な「往生」とは区別されますが、それは一般的には「回心」に、親鸞の用語では「転ず」に結びついています。

先にも触れましたように、親鸞の仏教が現在中心の仏教であるということは大乗仏教の本流に戻ったということであり、浄土教史的には大きな意味があるとしても、それ自体に独創性はありません。親鸞の独創性はそれを支える「不退の位」にあるというのが上田の理解です。しかし、まったく独特のものがはたして普遍的な真実を描いているということが言えるかどうかが問われねばなりません。親鸞の「不退の位」はその浄土観に結びついていますので、親鸞の仏教における浄土とは何かということが問題になります。この問題は改めて次章で取り上げますが、親鸞の浄土観の独創性ではなく、その普遍性を理解する上で、シュタイナーの世界観が助けになると思われます。

## 4 まとめとして（シュタイナーの視点から）

ここでは、この章の議論をシュタイナーの視点から重複を厭わずごく簡単に振り返ってみたいと思います。

『歎異抄』も含めて親鸞の思想がもつ特有の魅力やその現代性の核心は、親鸞において仏教史上初めて成立した「他力仏教」の構造にあると思われます。

親鸞は自らの仏教を「他力廻向」の教え、その他の仏教を「自力」の教えと呼んで区別しましたが、法然の教えにも自力の要素が含まれています。しかしながら、「他力」の立場は大乗仏教の真髄であり、親鸞の「他力仏教」の成立はかえって浄土教の大乗仏教の原点への回帰を意味するもので、親鸞が『教行信証』をまとめた意図もその点にあったと考えられます。

シュタイナーの視点からしますと、現代はキリスト教と仏教の合流点に位置するのであり、仏教は重要な役割を担っています。『歎異抄』が世界的に広く読まれているということの意味もその点にあるものと考えられます。ここで注意すべきは、シュタイナーが仏教というとき、それは過去の教えではなく、仏陀がいま語っている教えを意味しているということです。その場合にシュタイナーの念頭にあったことの一つが「輪廻転生とカルマの理念」ですが、それは古い仏教の理念ではないというのです。

さて、親鸞の他力仏教の大乗仏教としての普遍性ではなく、その独自性に目を向けますと、一つには法然から受け継いだ在家仏教の立場があります。これは、日常生活を離れることなく超感覚的（霊的）世界の認識を得る道を重視するシュタイナーの立場と同じです。

もう一つは、「即得往生」の立場であり、これは法然の「浄土往生」の立場と異なります。両者の重要な違いは現世を積極的に肯定するか否かにあります。現世肯定の立場は禅などでも同じですが、それが在家仏教と結び付いたところに、仏教が現実的歴史的になる可能性が開かれたと言えるでしょう。禅の立場を現世肯定の仏凡一体における仏の立場とすれば、親鸞の仏教は凡夫の立場ということができ、これはシュタイナーの立場と同じです。

親鸞の他力仏教に関してもう一つ確認しておきたいことは、『歎異抄』の第一条から出てくる「摂取不捨」は親鸞の体験を表しているという点です。「摂取不捨」は「信心獲得」の経験でもあり「不退転」の経験でもあるでしょうが、それは親鸞が既にこの世で救いに与ったということ、「即得往生」を意味しています。その「即得往生」を可能にするのが「不退の位」（「摂取不捨」が成立してから「無常涅槃」に至るまでの道程）というものです。このような構造はシュタイナーの説と似ています。シュタイナーによれば、現代の人間には超感覚的（霊的）世界を認識する能力の獲得が求められていますが、そのような能力の獲得あるいは覚醒もまた不退転の経験であり、「不退の位」に入ることに相当すると思われます。

「不退の位」を「時」の問題として捉えますと、現在中心の立場においても日常的時間の立場と歴史的時間の立場を区別することができます。そして、『歎異抄』の今日的意義は、単なる日常的時間の立場ではなく、歴史的時間の立場に立つことによって初めて的確に捉えることができると言えるでしょう。しかし、シュタイナーの視点からしますと、その歴史は単なる感覚的物質的歴史ではないということが重要です。それは親鸞の二種の廻向の世界の歴史であり、歴史的現実は浄土にあると言うことができるものと思われます。

## 「第三章」の注

1◆上田義文『親鸞の思想構造』21頁参照。上田は「悪人正機」ではなく『歎異抄』第一章の「罪悪深重煩悩熾盛の衆生をたすけんがための願にまします」という言葉を挙げているが、意味は同じと考えられる。

2◆以上、上田15〜16頁参照。「法然が開いた新しい仏教の基盤を強化しようとした」という点に関連して、吉本隆明は「親鸞にとっては、たぶん念仏一宗の興廃はどうでもよかった。称名念仏によって、浄土へゆくか地獄へゆくかはどちらでも、人間の計いに属さない。こういう境涯に到達した親鸞にとって、念仏一宗の運命が問題であったはずがない」と述べている（『最後の親鸞』51頁）。ここには「親鸞一人がため」と「念仏一宗」との関係という重要な問題があると思われるが、その検討は別の機会に譲らざるを得ない。

3◆以上、上田16頁以下参照。さまざまな経典の文章を用いて自分の思想を述べるという方法は、中国の仏教徒より日本の仏教徒に伝えられたもので、それが日本において最初に十全な形で用いられたのは源信（九四二〜一〇一七）の『往生要集』だとされる（野間宏『親鸞』13頁）。

4◆野間宏は、親鸞が手のとどく限りのあらゆる経典を集めて比較・検討し、法然の開いた専修念仏門を当代仏教の中心にすえる作業を行おうとした理由は、第一に末世の時代を生きる一切の人々の救いの可能性を見出し、その理論を確立するためであり、第二に専修念仏門に対する弾圧の拠り所となった興福寺の貞慶による奏上文に対して徹底的な反論をはたすためであったと考えている（『親鸞』99頁）。

5◆浄土真宗教学研究所編纂『顕浄土真実教行証文類（現代語版）』による。

6◆久野収編・解説『現代日本思想体系33 三木清』筑摩書房所収。

7◆シュタイナー『神秘学概論』「十六版から二十版までの序言」。

8◆野間宏が指摘しているように、親鸞独自とみられてきた漢文の読み方には先例があり、親鸞はすでに法然門下で行われていた新しい読み方をさらに先に進めたにすぎないという面があるとしても（『親鸞』7頁）、しかしそこにはなお親鸞独自の体験と思想がなければならないと思われる。

9◆三木清、前出396頁。

10◆鈴木大拙「わが浄土観」、『鈴木大拙全集第六巻』334頁。

11◆上田義文、前出34〜35頁。

12◆シュタイナー『釈迦・観音・弥勒とは誰か』9頁。

13◆同前、18〜23頁。

14◆シュタイナーは例えば次のように述べている(『仏陀からキリストへ』86頁、103〜113頁)。「釈迦が仏陀になった紀元前六世紀、五世紀から、次に弥勒菩薩が弥勒仏となるまでの現在の人類の課題は道徳の発展にあります。それ故、仏陀の教えは今日の人類にとって特別重要なものなのです。」「今日の霊学〔シュタイナーが説く精神科学〕の内容は、浄飯王の子である菩薩が仏陀になった時に説いた東洋の霊智と変わるところはありません。」〔この場合、単なる「教え」と実際の「力」との区別に注意しなければならない。〕「今日二つの霊的生命の流れが作用している……。一つは智の流れ、すなわち仏陀の流れで、智と良心と平和の崇高な教えです。……第二の流れはキリストの流れで、審美的感情と洞察力によって、人類を智から徳へ導くものです。キリスト衝動の最も偉大な師は弥勒菩薩で、彼は三千年後に弥勒仏になるまで何度も地上に受肉します。」「仏陀衝動に続いて、未来に於ける徳の高揚に関わるキリスト衝動が人類の進化に働きかけるのです。仏陀の教えは徳の教えです。キリスト衝動は徳の力です。」「今から後三千年の間に、多くの人々がエーテル的なキリストを見ることができるようになり、三千年後には福音書やキリストの生涯の記録を必要としなくなります。その人たちは自らの魂的生活の中に現実のキリストを見るからです。」「仏陀は……八正道という形で、偉大な智を与えています。弥勒仏の語る言葉には霊力があり、それを聞いた人の中に道徳衝動が喚起されます。」「弥勒仏の説法はキリストの力が浸透したものです。」

15◆シュタイナー『釈迦・観音・弥勒とは誰か』24頁。

16◆シュタイナー『仏陀からキリストへ』18頁。

17◆シュタイナー『釈迦・観音・弥勒とは誰か』27頁。

18◆シュタイナー『仏陀からキリストへ』7頁。

19◆同前、8〜9頁。

20◆シュタイナー『釈迦・観音・弥勒とは誰か』190〜193頁。

21◆同前、188、194頁。

22◆同前、29頁。

23◆「十牛図」とシュタイナーの思想との関係については、高橋和夫・塚田幸三著『いのちの声を聞く』所収の拙論「シュタイナーの世界観と『十牛図』」参照。

24◆在家仏教の成立は、従来の出家仏教に付随する戒律や修行の体系が一挙に否定され、極めて簡易な救済思想が打ち出されたことを意味している（角川文庫版『選択本願念仏集―法然の教え』、阿満利麿による「はじめに」参照）。

25◆上田義文、前出3頁。

26◆同前、142頁。

27◆鈴木大拙「極楽と娑婆」、『鈴木大拙全集第六巻』89頁。

28◆中村元・早島鏡正・紀野一義訳注『浄土三部教（上）』による。

29◆教学伝道研究センター編纂『浄土真宗聖典（註釈版）』643～644頁。

30◆同前、712、714頁。

31◆上田義文、前出24～25頁参照。

32◆鈴木大拙『日本的霊性』24頁。

33◆上田義文、前出35頁。

34◆野間宏『親鸞』127頁。

35◆浄土真宗教学研究所編纂『顕浄土真実教行証文類（現代語版）』207～208頁。

36◆上田義文、前出13～14頁。

37◆同前、52頁。

38◆西田幾多郎「場所的論理と宗教的世界観」、上田閑照編『西田幾多郎哲学論集Ⅲ』369、370頁。

39◆上田義文、前出66頁。

40◆普通社刊『現代語訳しんらん全集　第十巻研究篇』所収。

41◆上田義文、前出74頁。

42◆浄土真宗教学研究所編纂『浄土真宗聖典　歎異抄（現代語版）』による。

43◆上田義文、前出78頁以下。

# 第四章 ✣ 浄土について

先に見ましたように、従来の浄土教と異なる親鸞の仏教の大きな特徴はその現在中心性にあります。臨終をまって初めて浄土往生がかなう（臨終業成）のではなく、信心を得ればいまここで浄土に往生できる（平生業成・即得往生不退転）ということが言われます。したがって、親鸞の仏教では浄土は現在の問題です。それが死後の問題であれば、浄土に往生できるかどうかさえはっきりすればよいのであって、浄土がどのような世界であるかは今知らなくても構わないのかもしれません。しかし、それが現在の問題であるとすれば話は別です。実際、親鸞の主著『教行信証』を見ますと、浄土を論じた信仏土《しんぶつど》巻と化身土《けしんど》巻は分量的にそれぞれ全体の約一〇パーセントと三〇パーセント、両方合わせて四〇パーセントも占めています。『歎異抄』の現代的意義を考える上でも浄土の問題は放置できないでしょう。

とはいえ、これは近代の科学的思考に慣らされた私たちからすれば、真正面から取り組むことが難しい、厄介な問題です。『歎異抄』が現在広く読まれる理由もその浄土観にあるのではないでしょう。それどころか、私たちは通常、その背後にある浄土観を無視して『歎異抄』を読んでいるのではないでしょうか。

『歎異抄』を読む場合にその浄土観が問題にならないということこそが現代の特徴なのでしょう。しかしながら、『歎異抄』はそのような現代の特徴を打破することを求めるものであり、私たちが『歎異抄』になんとなく惹かれる理由も、実は表面的な意識を超えた背後の浄土観とかかわりがあるのかもしれません。

『歎異抄』や親鸞の思想の今日的意味を考えるのであれば、その浄土観という問題を避けて通ることはできないでしょう。親鸞の浄土観には法然までの浄土教の教えと決定的に異なる面があり、それが親鸞独特の他力仏教を支える重要な要素になっています。親鸞は、阿弥陀仏や浄土といった浄土教の教えを構成する根本的な要素について、新しい解釈を提示したのです。これはいわば新たな宗教的エネルギーの噴火ともいうべき、浄土教史だけでなく広く仏教史全体を画す大きな出来事であり、親鸞は圧倒的な宗教的衝動に駆られたものと思われます。親鸞は単に新しい教えを説くだけでなく、それを自ら生きたと言うことができるでしょう。

親鸞は『教行信証』信巻の序で、「広く三経〔仏説無量寿教・仏説観無量寿教・仏説阿弥陀経〕の輝かしい恩恵を受けて、とくに、一心をあらわされた〔世親（天親）の〕『浄土論』のご文をひらく」と述べていますが、『浄土論』は極楽浄土の荘厳《しょうごん》を讃嘆し、西方往生を勧めたものです。浄土が現在の問題であるということは、それが具体的な世界であるということです。谷口雅晴も、「正信偈」の解釈のなかで、親鸞が引用している龍樹の「龍樹菩薩讃阿弥陀仏偈」を取り上げ、そこに描かれている極楽浄土が具体的な世界であることを指摘しています。◆[1]

『歎異抄』や親鸞の思想に今日的な意味があるのであれば、親鸞の浄土観にも今日的な意味がなければならないでしょう。鈴木大拙も浄土の問題に取り組んでいます。『鈴木大拙全集第六巻』の「序」には、この巻の「全体の中心は浄土観に在る。どうも従来浄土なるものがわからぬので、真面目に考えたこともあり、好加減にしておいたこともあった。それが近頃、何だか自分だけで『こんな風に見るとわからぬこともないな』ということになったので、次々に、ばらばらのものが出来たわけである」とあります。それは昭和十七年、大拙七十二歳の頃のことです。大拙が浄土の問題を放置できなかったのは、それが禅と並ぶ日本的霊性の典型的発現としての親鸞の仏教に欠くことのできない要素であるとともに、死後の問題ではなく現在の問題であるからでしょう。

他方、吉本隆明は『浄土和讃』の「大経讃」をみると、親鸞が『大無量寿経』の浄土の荘厳で調和的なすがたを描写した箇所にも、また現在の憂苦を描写した箇所にもまったく関心を示していないことに注目しています[◆2]。これは、親鸞には、現世の憂苦こそ浄土への最短の積極的な契機であるといった浄土宗一般にみられる思想が存在しなかったことを示しているのであり、それは現世が厭離すべきものではなく、すすんで引き受けるべき契機であり、この契機だけが浄土へ超出する根拠になり得るとみなされていたからである、というのが吉本の理解です。

さらに、『教行信証』の要約版ともいえる『浄土文類聚鈔《じょうどもんるいじゅしょう》』では真仏土巻と化身土巻に対応する内容が省かれています。これは、上記の吉本の指摘も考慮に入れますと、やはり親鸞が荘厳な浄土の描写にそれほど関心をもっていなかったことを示すものと思われます。また、浄土のすがたに関心を示さないということは、浄土に留まることのない、往相廻向《おうそうえこう》と還相廻向《げんそうえこう》の二種の廻向の立場からしても当然だと思われます。

他方、シュタイナーは近代の唯物論的科学的観点からは捉えられない霊的世界に目を向けることが今日の歴史的課題であるとして、霊的世界の出来事や構造を非常に具体的かつ詳細に論じています。大拙もまた「〔意識を保ったまま霊界と交信した〕スエデンボルグに相応説（コレスポンデンス）というものがあるが、経文中の極楽の描写を領下する助けになると信ずる」◆3と述べています。

問題は浄土あるいは霊的世界の荘厳さではなく、霊的世界が現実の世界であるということです。実は、それこそが親鸞の二種の廻向の意味だと思われます。

この章では、『歎異抄』の今日的意義という問題意識に基づき、極めて初歩的な議論にならざるを得ませんが、まず上田義文の解釈に拠って親鸞の説く阿弥陀仏と浄土の性質や特徴を概観し、宿業の問題にも触れながら、それらとシュタイナーの説く霊的世界とを比較するという手順をたどりたいと思います。

1

# 親鸞の阿弥陀仏

上田はアメリカの大学教授の質問に答えるかたちでこの問題を論じています[4]。その質問とは、阿弥陀仏は人格的存在か否か、というものでした。これは、西洋の人格という概念が日本人には必ずしも明確でないという点からも的確に答えることの難しい質問であるが、しかし、根本的な困難は、そもそも親鸞の阿弥陀仏という概念が何らかの人格的な存在を意味しているかどうか単純に決めてしまうことができないところにある、というのが上田の理解です。

以下、上田の議論に基づきながら、親鸞の阿弥陀仏の性質と特徴をいくつかの項目に分けて検討してみます。

**阿弥陀仏の二重性**

親鸞の阿弥陀仏という概念は、法然の思想を受け継ぎながら、同時に曇鸞の「二種法身《ほっしん》」の思想も受け継いでいるので、いわば重層構造をなしています。二種法身というのは「方便《ほうべん》法身」と「法性《ほっしょう》法身」のことで、方便法身としての阿弥陀仏は、一如《いちにょ》（無相＝法性）からかたち（相）を現し、法蔵菩薩として誓願をたて修行して成仏しましたが、この仏と無相の法性法身

（一如）との間には「異にして分かつべからず、一にして同なるべからず」という関係があります。そのような関係は「無相の故に相ならざるはなし」「相と言っても無相である」と表現することもできます。

無相と相との関係には時間的側面があります。二種の法身は「久遠実成の阿弥陀仏」と「十劫成仏の阿弥陀仏」に区別されます。久遠は時間を超えた無時間ないし常住を表します。十劫は歴史的時間的にはいかなる過去よりも無限に遠い過去を表しますが、しかしあくまでも時間的概念です。したがって、久遠実成の阿弥陀仏は時間的に無相であり、十劫成仏の阿弥陀仏は時間的に有相です。

しかしながら、方便法身の阿弥陀仏は、無相の一如（法性法身）と比べれば有相であり、色や形のある生死《しょうじ》界（日常生活の世界、歴史的実在の世界）と比べれば法性法身に同じとされ、「この如来（方便法身の阿弥陀仏）は、ひかりの御かたちにて、いろもましまさず、かたちもましまさず、すなわち法性法身におなじくして……」（『唯信鈔文意』◆5）と述べられています。方便法身の阿弥陀仏は一如から「かたち」を現して法蔵比丘と名のり、五劫に思惟し修行して阿弥陀仏となり浄土を建立したといわれていますが、方便法身の仏や浄土は「ひかりの御かたち」であって、私たちが住んでいる生死界と比べると、色も形もありません。生死界に対しては、二種法身はともに無相です。

## 方便法身の特異性

二種法身のうちの方便法身という思想は他力仏教に独特のもので、自力仏教たる一般大乗にはそれに相当するものはありません。

禅を含めて一般大乗の無相・有相の思想では、無相は空・真如・法界・勝義などとも言われ、歴史的実在の世界の有相との間に、「無相とは相に即して無相」（『六祖壇経』）という関係があります。これは上にみた「無相の故に相ならざるはなし」などと内容的に変わらないと見てよいでしょう。他方、自力の修行では成仏することができない罪悪人をそのままで成仏せしめるのが阿弥陀仏の本願他力とされるのですから、当然ながら自力仏教にはそのような阿弥陀仏は見られません。

無上仏の本質が真如・法性であることは自力仏教でも他力仏教でも変わりませんが、自力仏教と他力仏教との違いはその無相に到達する道筋において方便法身が介在するか否かにあります。他力仏教の場合は、方便法身の阿弥陀仏の本願力によって摂取されて初めて無相に至ることができるとされます。そのような阿弥陀仏とその浄土の世界は、無相の一如（真如）から見ればかたちがあり、私たちの生死界から見ればかたちがないという、独特の世界です。

阿弥陀仏は一如から安養界（安楽浄土、無為の涅槃界）にかたちをとって現れたもので、親鸞はそれを「影現《ようげん》」と呼び、釈迦牟尼仏が歴史的実在の世界に現れたことは「応現《おうげん》」と呼びます。阿弥陀仏の本質は光（智慧）であり、法蔵菩薩として四十八の誓願をたて、それを十劫の昔に成就したといっても、それを直接衆生に語ることはできません。そこで釈迦牟尼仏として衆生の生死界に応現し、『無量寿経』を説いて、阿弥陀仏の本願と念仏とを衆生に知らしめたとされます。

### 本尊としての方便法身

親鸞の他力仏教の特徴は方便法身の阿弥陀仏を本尊とするところにあります。普通に考えると、「法性法身によりて方便法身を生ず」（『教行信証』証巻）であって、方便法身よりも法性法身の方がいっそう根本的なものと考えられていることは、「弥陀仏は自然のやう（かたちのない無上仏）をしらせんれう（方便）なり」（『末灯鈔《まっとうしょう》』）と述べられていることからも明らかであり、本尊（信仰の拠りどころ）としては方便法身ではなく無上仏たる法性法身を挙げるべきでしょう。

それなのになぜ親鸞は方便法身を本尊としたのでしょうか。それは、衆生の救済（成仏）が阿弥陀仏の本願と名号によって初めて可能になるからであり、かたちのない無上仏だけではそれが不可能だからです。ここで重要なことは、上田も繰り返し述べているように、宗教とは体験である、ということだと思われます。一般的にも宗教体験と言われます。親鸞が新しい他力仏教を興した背景にも、単なる思想や思索ではなく、深い宗教的経験あるいは宗教的衝動といったものがなくてはならないでしょう。大拙もまた親鸞の宗教体験の深さにしばしば言及しています。そして、救済（成仏）という宗教体験を得るには方便法身に拠るほかないので、方便法身を信仰し、本尊とするのです。

大拙も「私は、若い時に、キリスト教の神様が、personというか、人間のようなものにとられていることが、どうもわかりかねたけれども、今になって考え直してみると……何かやっぱり人格的なものが感ぜられてもいいのだろうと思います。それで、阿弥陀様も、絵で画いたもの（絵像）よりも、字で書いたもの（名号）の方がいいということがありますが、それも、いいような悪いようなもので、やはり何か形をつけて、人間のようにすべきようでもあるし、またそうしては、余り粗末にしすぎるような気にもなります。そこが宗教の面倒なところで、具体的にするというても、どの程度まで具体化させればいいか、その程度がわかりかねると思います」[6]と述べています。その場合にも、大拙の基本的立場は「仏教というものは禅宗も真宗もなし、その器根によって受け容れるものが、ああにもなり、こうにもなると思うておっていい」[7]というものです。

大拙はまた親鸞の在家仏教の特質について「自力宗と他力宗とを分かつ本質的なものは禁欲生活の有無であると云ってよい。併しこれが仏教徒として必至の要求でなくなるとすると、殊に僧侶に対する要求でなくなるとすると、『僧侶』と云うべき特徴は消滅する。親鸞の教義と生活は正に是れであった[8]」とも述べています。この言葉には大拙の経験が感じられます。『歎異抄』の現代性という本書のテーマからしますと、「禁欲生活」の内容が気になります。取り分け、その「禁欲生活」と人間の歴史的現実との関係です。少なくとも、この大拙の言葉からは歴史的現実への関心は感じられません。もっともそれは大拙が「仏教というもの」の立場に立つ以上当然のことでもあります。しかし、西田は禅も含めてそのような仏教ではなく親鸞の真宗に期待したのです。西田が期待した、真宗がもつ仏教史を画す要素とは何か、それこそ『歎異抄』の今日的意義に直結する問題だと思われます。

方便法身を本尊とする親鸞の信仰のあり方は、『歎異抄』第二条の次のような一節にも読み取れると思われます。「弥陀の本願まことにおはしまさば、釈尊の説教虚言なるべからず。仏説まことにおはしまさば、善導の御釈虚言したまふべからず。善導の御釈まことならば、法然の仰せそらごとならんや。法然の仰せまことならば、親鸞が申すむね、またもつてむなしかるべからず候ふか。」この場合、親鸞は最初に弥陀の本願を知ったのではないでしょう。また、もちろん、弥陀の本願が真実だと仮定して述べているわけでもないでしょう。信心を獲得した親鸞には弥陀の本願は微塵も疑う余地のない明白な事実であったはずです。しかし、順序は逆です。つまり、親鸞は法然に出会って初めて、善導の御釈のまことを知り、釈尊の説教のまことを知り、弥陀の本願のまことを知るに至ったのです。

だからこそ、その前にある「親鸞におきては、ただ念仏して、弥陀にたすけられまゐらすべしと、よきひと（法然）の仰せをかぶりて、信ずるほかに別の子細なきなり。……たとひ法然聖人にすかされまゐらせて、念仏して地獄におちたりとも、さらに後悔すべからず候ふ」という言い方も可能になるのだと思われます。また、第六条には「自然のことわりにあいかなはば、仏恩をも知り、また師の恩をもしるべきなり」とも言われています。師の恩よりも仏恩の方が、法然の教えよりも弥陀の本願の方が、方便法身よりも法性法身の方がより根本的です。しかし、師に会わなければ仏恩を知り得ず、法然に会わなければ弥陀の本願を知り得ず、方便法身に会わなければ法性法身を知り得なかったのです。法性法身を知るに至って初めて、「法性法身まことならば、方便法身むなしかるべからず」と言うことが可能になります。

上田が述べているように、「弥陀仏は自然のやう（かたちのない無上仏）をしらせんれうなり」も、法性法身（無上仏）の立場に至って初めて言える言葉だと思われます。また上田は、無上仏を「自然」と呼んだのは仏教史上親鸞が初めてであり、各宗祖師の中で親鸞だけであることを指摘して、それができたのは親鸞が無上仏とはどのようなものかをよく知っていたからだと解釈していますが、そのとおりだろうと思われます。

親鸞は単に観念的に思索をめぐらしているのではありません。あくまでも、阿弥陀仏の本願を知るという体験、信心獲得（救済、成仏）という宗教的体験が重要なのです。それが、親鸞において真仏としての方便法身が意味することの一つだと思われます。しかし、宗教体験の重要性は宗教に一般的なことであり、方便法身の立場に直結するわけではありません。この点に関して上田は、親鸞が方便法身の立場をとったのは、親鸞自身が罪業深重の存在であるという自覚に徹していたからであり、他の諸仏ではそのような逆悪人を仏に成らしめることはできないためだと述べています。[9] 確かに、親鸞が罪業深重の自覚に徹したということと方便法身の立場をとったということには関連があるに違いありませんが、しかし、罪業深重の自覚に徹していたから、それが理由で、方便法身の立場をとったということであれば、親鸞はなぜ罪悪深重の自覚に徹したのかという問題が残ると思われます。なぜなら、先に第二章でも触れましたように、罪業深重の自覚そのものは、「一人」の自覚に基づいて、宗教に広く見られる要素であり、親鸞独自のものではないからです。

親鸞が罪業深重の立場をとった、それに徹したということには何か特別な理由があるはずです。そこで考えられるのが、往相と還相という親鸞の二種の廻向の問題です。大拙は「浄土に往生するは、往生せぬ往生、即ち還相廻向である」「仏教の極楽は、からっぽなんだ。極楽にぐづぐづしている人間は、みんな駄目な人間なんだ。だから、極楽は無人で、誰も居ない。極楽というところは、ちょっと行って、すぐ帰るところなんだ」と述べています。[10] 極楽に往生するということは即ち還相廻向するということです。しかし、「仏教の極楽は、からっぽなんだ」と大拙が述べているように、還相廻向ということは禅を始め現在中心の大乗仏教一般に該当することです。したがって、上田が指摘しているように、禅の場合は仏凡一体の仏の立場をとり、親鸞の場合は凡夫の立場をとる、[11] という面があるとしても、それは一方は往相の立場を、他方は還相の立場をそれぞれ重視するというのではなく、ともに還相の立場に立ちながら、なおそこに仏の立場と凡夫の立場という違いが現れるのです。

　根本的には宗教体験の違いによると言うことができるでしょうが、親鸞の凡夫の立場は在家仏教の立場、「僧にあらず、俗にあらず（非僧非俗）」の立場です。この凡夫の立場によって、仏教が初めて歴史的現実的となる道が開かれたのであり、西田幾多郎が禅宗よりも浄土真宗に期待した理由もここにあるものと思われます。

　さらに、第二章の2で取り上げたように、罪業深重の自覚に徹した親鸞の立場とシュタイナーの道徳の立場には近いものがあると思われます。シュタイナーは道徳の問題を現代の歴史的課題としています。その場合の道徳とは、一般に社会的道徳と宗教的道徳とを区別して考えるような二元的な概念ではなく、いわば一元的な霊的道徳意識とでも呼ぶべきものです。親鸞の罪悪深重の自覚がシュタイナーのいう現代の課題を反映したものであるとすれば、親鸞の他力仏教は単に仏教が歴史的現実的になる道を開いたというに止まらず、現代の歴史的現実を深く捉えたと言えるかもしれません。

## 信心獲得と不退の位

「方便と申すは、かたちをあらはし、御なをしめして、衆生に（自分＝無上仏を）しらしめたまふを申すなり」（『一念多念文意』）とある「しらしめる」は人間の知性を通じて可能になるのではありません。人間の知性は安養界に影現する阿弥陀仏を知ることはできません。しかし親鸞は知性で知ることができないからといって、信仰によってそれを受け入れよというのでもありません。親鸞の場合は、人間が願心を受け入れるのではありません。受け入れたくても、知性も意志も、自力のはからいがすべて全く働き得なくなり、どうすることもできない状態の中で、自分が慈光の摂取の中にあることを「ふいとわからせてもらう」（妙好人・源左）のです。この非連続的に起こる目覚めあるいは自覚は、全心身的な働きであり、知性とか意志とか感情とかといった特定の心作用ではありません。

この自覚に至って初めて人は、罪業にしばられてどうすることもできない自分を知ると同時に、その自分を摂取して捨て給わぬ広大無辺の大悲を仰ぎ慶ぶことができます。この信心獲得と呼ばれる経験は「回心」や「転ず」という構造をもっており、その中心には煩悩心と大悲心との「一味」ということがあります。そこに人間が仏を知るということが成立する根拠があります。仏を知るということは、知性の働きのように対象的に知るのではなく、罪業の身をもって、即ち煩悩を断じないままで、仏に成ることによって、仏とは何かを知るということです。

しかし、このような成ることによって知る、成る智の経験は、親鸞の他力仏教に限らず、大乗仏教における証の智（般若波羅密、無分別智など）のすべてに該当します。繰り返せば、信心獲得という経験は、煩悩心（凡心）と願心（仏心）との一味が成立し、「悪の心（煩悩心）が善心（仏心＝智慧・大悲）となる」ということ（すなわち転ず）が成立する点において、すでにそこには仏に成るという意味が含まれています。しかし、それは無上仏に成った（「証」を得た）という意味ではなく、「証」に対していえば「信」であり、これが「不退の位」です。

この不退の位は従来の浄土教にはない親鸞の他力仏教の構造に独特なものであるというだけでなく、その核心をなし、『歎異抄』の現代性を問うという本書の課題の鍵を握るものです。なぜなら、それによって初めて「即得往生」と言うことが可能になるからであり、それが可能になることによって初めて仏教が歴史的現実的になるからです。もっとも即得往生ということ自体は大乗仏教に広く見られる理解であって、それを認めない法然までの浄土教はその点で却って異端的です。したがって、親鸞によって浄土教が大乗仏教の本流に帰したと言うことができます。しかし、即得往生ということだけでは歴史を含む宗教にはなりません。在家の他力仏教と即得往生が一つになって初めて仏教が歴史的現実的になる可能性が開けてきます。

## キリスト教との比較

上田に従っていちおう次のように言うことができるでしょう。[12] 方便法身は人格的な側面をもつことによって衆生に知られる方便となることができますが、この人格的存在としての方便法身の根底には非人格的な法性法身があり、有相の仏と無相の仏は一つに融け合っています。親鸞の仏教は、阿弥陀仏の人格的な側面においてはキリスト教と似ており、非人格的な側面においては禅を含む一般の大乗仏教と一致しています。悪人成仏といわれる「仏に成る」ということは、人格的な側面からだけでは説明がつかず、キリスト教と異なる点です。

大拙は真宗とキリスト教との違いについて次のような点を挙げています。[13] (1)弥陀はキリスト教の神と違い創造主ではない。(2)キリスト教の神は自身が創造した人間と交わるのに具体的形象をもつ仲保者を必要とするのに対し、真宗では「南無阿弥陀仏」に示されるようにある意味で多少抽象的な言葉や文字が与えられ、それが仲保者の働きをしている。(3)仏教（特に真宗）は宗教の形成要素である観念や願望を形而上学的に再構成したと言えるのに対し、キリスト教徒は彼等の宗教が歴史的事実に基づくものだと好んで考える。(4)真宗には殉難というものがない。ただし、殉難・死・蘇り・昇天といったことは個々の人間によって体験される宗教経験の内容をなし、すべての宗教に共通していると言える。殉難と死は真宗でいう自力の棄捨に、蘇りと昇天は浄土往生と証大涅槃に相当する。(5)キリスト教の贖罪の観念と仏教の廻向の観念は一致せず、厳密には仏教（特に真宗）には贖いという観念はない。真宗教義によると、弥陀は業《ごう》の働きに干渉する意志をもたない。業はこの世ではその働きの続くところまで続いて行かなくてはならないようになっている。真宗信者にとって廻向の真理が実証されるのは、「この世界における業的生活の終わりには、彼は決定して弥陀の国に向かうものである」というささやきが意識の奥の奥に聞こえることによる。また、キリスト教には業の観念がみられない。[14](6)キリスト教の神人関係はいわば個人的であり、つまりキリスト教の救済は特別な個人が神の与える差別的恩寵によって救済されるということであり、この特別な個人は神から受けた恵みを他の者に及ぼす力を持たない。それに対して真宗の廻向は二重円環的であって、真宗信者は浄土に生れるや否や、再び業の世界に帰ってきて、衆生のために自己を捨てようとする。(7)真宗信者の願うところは正覚《しょうがく》に達することであって、キリスト教的な救済を得ることではない。(8)キリスト教では天国の観念が仏教の浄土のように確然と具体的に叙述されていない。(9)真宗や浄土宗の教義の最も著しい特徴をなす弥陀の名号や誓願に相当するものがキリスト教にはない。(10)弥陀の意志と吾等の信仰とはいわば同質のもので、実在の二面的表現と見るべき意（本願）と信との間には完全な相応があり、真宗の教えは甚だしく架空性を帯び相対的世界の彼方に消え行くように見えるのに対して、キリスト教においては神の人間に対する愛はその独り子の殉難の上に、即ち業に束縛された衆生の歴史の上に具体的・相関的事象として表現される。

以上のような真宗とキリスト教との相違点は親鸞の思想の今日的意義を考える上で重要なヒントになるでしょう。ただ、上田や大拙が比較検討の対象にしようとしたのは一般的ないし平均的なキリスト教であり、それは本書で参照しているシュタイナーの説とは大きく異なります。仏教とキリスト教との比較を行う場合、両者に言えることですが、特にキリスト教についてはそれがどのような立場に立つものであるかに注意しなくてはならないでしょう。興味深いことに、またそれが本書でシュタイナーを取り上げた理由でもありますが、シュタイナーの説には仏教の教えと矛盾しないどころか、その理解に大いに役立つ面が多々あるように思われます。上に大拙が(8)として指摘しているキリスト教の天国と仏教の浄土との相違の問題もその一つで、シュタイナーは霊的世界について非常に具体的かつ詳細に語っています。

## 2 親鸞の浄土

浄土とは何かという問題は浄土真宗の教義の根幹にかかわる重大な問題です。しかし、従来一般に説かれてきた「死後に往く至福で平和な他のある場所」としての浄土という観念は、近代の科学的な考え方の普及によって、一般に理解し難い、受け入れ難いものになっており、その解決は容易ではない、というのが上田の認識です[◆15]。

上田によれば、親鸞が説く「往生浄土」は法然までの浄土教で説かれてきたものとは根本的に異なっています。すなわち、従来の教えでは浄土に往生してそこで修行を積んで成仏するのですが、親鸞においては、「浄土へ往生する」といえば「無上涅槃を証《さと》る」（無上覚に成る）ことを意味しています。

他方、「無上涅槃を証る」といえば「浄土へ往生する」という意味が含まれており、自力仏教の場合は浄土へ往生することなしに無上涅槃を証ることが成立するのに対して、親鸞においては往生浄土なしには無上涅槃を証ることは成立しません。

従来の浄土教と異なり、浄土往生が無上涅槃を証ることを意味しているということが重要であるのは、「即得往生」という考え方があるからです。即得往生とは死んで初めて浄土に往生するのではなく、いまここで往生できるということですが、この親鸞の即得往生によって浄土教は大乗仏教本来の教えに回帰したのであり、この回帰がなければ『歎異抄』や親鸞の思想の現代性は大きく損なわれていたことでしょう。即得往生でなければ西田が期待した歴史的現実を含む宗教には成り得ません。

無上涅槃を証るとは浄土に即得往生することであり、そのためには二種法身の阿弥陀仏という構造が重要になります。浄土は「無量光明土」とも「無為」ともいわれ、前者は方便法身に、後者は法性法身に対応しています。方便法身の阿弥陀仏の浄土に往生することは同時に法性法身になることであり、浄土に往生することは無上仏になることにほかならず、無上涅槃を証れば大悲心が起こるので此土に還って有情を利益することになります（還相廻向）。このように、浄土に往生するとは此土に還って有情を利益することを意味しますが、浄土に往生するとは不退の位につくことであり、不退の位につくとは信心を獲得することであり、信心獲得は此土の出来事です。そして、このような即得往生の還相廻向の立場はまた悪人正機の凡夫の立場でもあります。

また、即得往生が浄土を具体的に語ることを要請するとともに、それを可能にもすると言うことができるでしょう。親鸞にとって浄土の問題が重要であったのは、それが単に死後に行くべき荘厳な極楽の物語ではなく、宗教体験の問題であったからだと思われます。鈴木大拙が浄土の問題を放置できなかった理由もそこにあると言えるでしょう。また、大拙のスウェーデンボルグに対する関心も主として浄土の問題にあったのではないかと思われます◆[16]。

「穢土と浄土」「娑婆と極楽」「人間世界あるいは地獄と天国」「地上と天界」といった二つの世界は相反していながらどうしても分離して考えることができないというのが大拙の理解でし

た[◆17]。この二つの世界の関係として大拙は次のような点を挙げています。(1)極楽は霊性の世界で、娑婆は感覚と知性の世界である。霊性は知性を通して感覚界に動き出るのであり、これら三者には関連性がある。また、霊性の世界は法界といってもよい。(2)極楽と娑婆とは時間的にも空間的にも隔絶しているものではない。両者には一にして二、二にして一の関係があり、それを一如性といってもよい。(3)指方立相《しほうりっそう》(極楽浄土が西方に実在するとする説)は知性と感覚の立場から見た教説であり、極楽の本当の見方は霊性からでなければならない。真宗における霊性への通路は「南無阿弥陀仏」「聞其名号《もんごみょうごう》」であり、弥陀の呼びかけを聞く主体は霊性である。(4)極楽を知性的・感覚的に見るということは物質的すなわち時間的・空間的に見るということであり、それでは本当の安心は得られない。安心は霊性に属するものである。

シュタイナーもまた大拙と同じように、穢土《えど》と浄土《じょうど》といった区分ではなく、感覚的世界と霊的(超感覚的)世界という区分の仕方をしています。そして、その霊的世界と感覚的世界との関係を、輪廻転生という構造を組み込みながら、具体的かつ詳細に語ります。それは霊的世界あるいは超感覚的世界が基本であって、「安心は霊性に属する」ものであり、霊的世界を踏まえない「よろづのこと、みなもつてそらごとたはごと、まことあることなきに」(『歎異抄』後序)と理解していたからだと言ってよいでしょう。

ただし念のために付け加えるなら、この場合にも、「浄土と穢土と、浄土の人と穢土の人とを対立させている間は、何れも仮名《けみょう》であるが、浄穢が浄穢でない立場が見つかる時、仮はそのままで真となる。この立場が不一不異《ふいつふい》のところである。これを一異観《いちいかん》と云うのである。また即《そく》非《ひ》の論理と云うのである。大乗経典は何れもここに立脚している。またこれを『畢竟浄《ひっきょうじょう》』とも云う、『畢竟空《ひっきょうくう》』とも云う。『知而《すなわち》無知』でもある。また、『法性無生《ほっしょうむしょう》』でもある。この故に、浄土往生は浄土無生の生と云わなくてはならぬ。これを領解するのを真実の浄信と云う。浄信は即ち往生である[18]」ということが言えるものと思われます。

## 3 親鸞の宿業

上田によれば、「許される」という言葉は親鸞の語彙にはありません。親鸞の教えでは、罪は阿弥陀如来によって裁かれるのではなくて、「業の法則」に従って処置されます。悪行を為して悪業を積めばそれに応じた業報をうけます。その「因果の法則」の働きは仏と雖も左右することはできません。[19]

その場合、上田は、『歎異抄』第十三条に「善悪の宿業」と言い、「悪業のはからふゆゑなり」という場合の悪業は道徳的な意味での「悪」であり、そのような善業や悪業は仏智に対してはすべてが「罪」であるから、「つくる罪の、宿業にあらずといふことなし」と説かれているのであり、善業も悪業もすべて罪業にほかならないと理解しています。[20] ここには、業の法則にかかわるのははたして道徳的善悪か宗教的善悪か、という問題がありますが、これは後で改めて触れることにして、いまは親鸞の教えには「許される」という言葉がないという点に注目したいと思います。

これは重要な指摘だと思われます。一つには親鸞の「横超《おうちょう》」との関係があります。この「横超」は、「業の法則」ないし「因果の法則」を超越した特別な仏の力ないし働きとして理解されることが多いと思われますが、上田も指摘しているとおり、仏と雖も業の法則を左右することはできない、と見るべきでしょう。この場合、業の法則と仏が別々に存在しているのではなく、仏の働きが業の法則としても現れていると言うべきかもしれません。聖書の「わたしが律法や預言者を廃するためにきた、と思ってはならない。廃するためではなく、成就するためにきたのである」（マタイ五章十七節）という場合も、律法が成り立つということとキリストがこの世に姿を現したということは一つのことであると言えるでしょう。絶対他力の親鸞の仏教においてはすべてが仏の働きであって、「横超」もまたその中に含まれているはずです。「横超」とは何かと問う場合、それが体験であるということが極めて重要だと思われます。[21]

それは、「業の中に生きていて而も業を超える」という体験であり、[22] 浄土と穢土の「非連続の連続」の体験であり、[23]「至誠心」「深心」「廻向発願心」「信心」などとしての「廻向」の体験です。[24] ただし、この「横超」もまた親鸞の仏教に特有のものというより、大乗仏教のあらゆる宗派に共通する目標であり、[25] それは「名号」によっても「公案」によっても可能になるものと考えられます。[26] また、「横超」は「霊性」の体験であり、[27]「非連続の連続」とは分別智的「非連続」と無分別智的（霊性的）「連続」の体験[28] ということができそうです。このような「横超」は「許される」という体験ではありません。

「横超」に関してもう一つの問題に触れておきたいと思います。大拙は、スウェーデンボルグによると「天国でも霊的生活の進展がある。それは、天国は此土の継続にすぎないからである。天国と此土との間は何等不可超の間隔がない、地続きであるから……死そのものもないのである。これを彼は不生不死と云う。……基督教者一般の所信は、天国は死後のもので、此世から続くものなのである。これに反して、仏教者の浄土は此土の連続ではない。彼土と此土とは絶対の矛盾であるから……彼より此、此より彼へのわたりは、『横超』でないと可能でない。『横超』とは、非連続の連続である」[29] と述べています。

大拙の主張は二つの問題に分けることができると思われます。一つはこの世と天国が連続的につながっているかどうかという問題であり、もう一つは天国でもなお霊的生活の進展があるかどうかという問題です。まず最初の問題から考えてみますと、キリスト教ではこの世と天国とが地続きのように連続しているのに対して仏教では両者の関係は非連続であるというのが大拙の理解です。その場合、キリスト教の天国は死後の世界であるのに対して仏教の浄土は単なる死後の世界ではないことが含意されています。浄土が死後の世界ではないということは、それはこの世と同時に存在しているということです。同時に存在しているのに、この世に生きる私たちは通常浄土に気づきませんので、二つの世界は連続していない、非連続の関係にあるということが言えます。この非連続の関係を超えて、この世から浄土へ渡ることが「横超」です。渡ることができるということは何らかの意味で連続しているということですから、「横超」は非連続の連続ということになります。

さて、大拙はスウェーデンボルグの説に信頼をおいているわけですが、スウェーデンボルグ自身はこの世にいながら死後の世界を訪れその様子を語っているのですから、それができるということはこの世と死後の世界は同時に存在していることになります。ここで、死後の世界と「天国」を区別すると理解に役立つと思われます。「天国」は「地獄」に対する言葉であり、死後の世界にはどちらもあるわけですから、それを霊的世界と呼ぶことができるでしょう。

死後の世界を霊的世界と呼ぶことにしますと、大拙の説は、一般のキリスト教では霊的世界は死後の世界であるのに対して仏教では現在の世界である、と言い換えることができます。その場合、大拙は一般のキリスト教徒とスウェーデンボルグの立場を区別していますが、スウェーデンボルグの説が正しいとすれば、キリスト教の世界においても霊的世界は単なる死後の世界ではなく、現在の世界でもあることを示しているものと思われます。そして、スウェーデンボルグがこの世と霊的世界を自由に往き来したということは「横超」に当たると思われます。

大拙のキリスト教と仏教との比較において注目されるのは、仏教に関しては死後の世界に言及していないことです。「横超」はこの世のことですが、しかしそれは時間を超えており、そこではこの世からあの世という時間的連続性は問題になっていません。「横超」は一気に時間を超えてしまいます。これは先に挙げた第二の問題点、天国（死後の世界）でもなお霊的生活の進展があるかどうかという点にかかわる問題です。

大拙の仏教の立場では、死後の世界は問題になりませんので、当然、死後の霊的生活の進展ということは考えられません。大拙の「横超」では、関心は超えること一点に絞られ、超えたあとの進展や発展あるいは深化ということは問題になっていません。大拙の「横超」は進展や発展といった時間的要素を一挙に超えてしまいます。それに対してスウェーデンボルグの霊的立場には、この世から死後の世界へという時間的要素も死後の世界における進展という時間的要素も見られる一方、この世で霊的世界と交信できるという超時間的要素も見られます。

大拙の議論は、肉体と精神（霊性）との関係という視点から検討することもできます。この世から天国（死後の世界）へという時間的関係（時間と空間との関係はここでは省きます）とこの世と天国（霊的世界）との超時間的関係は、ともに霊性の立場に立たなければ成り立ちません。それは時間的即超時間的ともいうべき立場です。これまで死後の世界といってきたのは、実は肉体の死後の世界のことです。

肉体の死後の世界と「横超」との関係に注目してみますと、スウェーデンボルグがこの世にいながら死後の世界と交信できたということは、スウェーデンボルグがこの世で肉体を脱して霊界に立ち入ることができたことを示すとともに、「横超」すべきこの世の霊界とあの世の霊界が同じ一つの霊界であることも示していると考えられます。大拙はこの世の霊界については語ったけれども、あの世の霊界については語らなかったと言うことができるでしょう。

しかしここで、はたしてスウェーデンボルグの死後の霊界と大拙の「横超」の霊界とが同じものであるかどうか、もう一度問わねばなりません。一方には霊的生活の進展があり、もう一方にはありません。その点において両者は同じものとは言えません。問題は霊界の性質であり、霊界の時間的側面と超時間的側面との区別と関係です。

スウェーデンボルグの死後の霊界には時間的側面はあっても超時間的側面はないのか、と問うと問題がより明確になるかもしれません。時間的、超時間的はそれぞれ相対的、絶対的と言い換えることができます。議論を急ぎますと、霊界（性）には相対的側面と絶対的側面があり、それは死後の霊界にもこの世の霊界にも当てはまるものと思われます。霊界の絶対的側面はあらゆる相対性を絶して、この世の霊界にもあの世の霊界にも通底しているはずです。大拙の関心はこの霊界の絶対的側面にあったものと思われます。他方、大拙があの世の霊界の相対的側面を重視しなかったということは、この世の霊界の相対的側面にも目を向けなかったということです。いまはこの程度に止めざるを得ませんが、それは「横超」における絶対性と相対性の問題、あるいは「横超」における深化の問題でもあるでしょう。

ここで話を戻しますと、「業の法則」が成り立つということは責任が問われるということであり、それは人間の自由意志にかかわる問題です。大拙は『歎異抄』第十三条の言葉について、「例えば『歎異抄』に、『人を殺す業があれば、千人も万人も殺す。それがなけりゃ、人一人、虫一匹も殺すわけにいかん』というてある。客観的に見るというと、そうですね。併し、そうでなしに、主体的とかいう面から見るというと、虫一匹殺すのも、千人万人殺すのも、みんな自分のfree willから出ておる。こういえるんですね。そうするというと、われわれは、みんなそれに対して責任を持たねばならぬ◆[30]」と述べています。

大拙が指摘しているように、宿業ないし「業の法則」には客観的側面と主観的な自由意志とそれに伴う責任の側面、つまり客観と主観の問題があります。この主観と客観・内と外との分裂は「霊性には内外がない◆[31]」といわれる霊性の立場において初めて解消できるものと思われます。そこに「松が松になるほど自由なことはない」世界、「自然法爾」の世界が開けるものと思われます[32]。それが「業の中に生きていて而も業を超える」ということ、「横超」ということにほかならないでしょう。

また、宿業と「輪廻転生」との関係も問題になります。宿業は輪廻転生を踏まえて初めて成り立つ概念であり、輪廻転生という場合は浄土との関係が問題になりますが、親鸞はこの点については伝統的な理解に従ったものと思われます。つまり、それは迷いの世界である輪廻の世界から脱すること（解脱ないし涅槃）が仏道修行の目的であり、それを自力で達成することができない凡夫を浄土に引き入れてくださるという弥陀の本願を信じて念仏すれば、浄土に生れ輪廻の世界を超えることができる、というものです[33]。

他方、「そういう馬鹿々々しい観念は、親鸞のさとりの中心ではない[34]」というように、現代では輪廻転生ということを重視しない、あるいは無視する傾向があるかもしれません。『歎異抄』の読者の多くも輪廻転生には関心がないかもしれません。

しかしながら、親鸞の仏教は宿業と輪廻転生を踏まえて成り立っています。『歎異抄』第五条にも、「六道《ろくどう》四《し》生《しょう》のあいだ[35]、いづれの業苦にしづめりとも」とあります。さらに、西田が期待したように真宗が歴史的現実的になるためには、この宿業と輪廻転生が重要です。人間の歴史的現実とは宿業の、すなわち輪廻転生の世界と言うことができるからです。

業を結ぶのはこの世であり、繰り返し輪廻転生するのは宿業の清算ができないからです。法然までの浄土教においては、宿業の清算は浄土に往生してそこで行われるものと言えるでしょう。他方、親鸞の場合は、即得往生ですから、宿業はそのままでありながら往生し成仏できるということです。上田が述べているように、業の法則の中に生きながら成仏できるということです。

しかし、なぜ宿業と輪廻転生ということがあるのか、単に脱すべきもの、否定すべきものとしての意味しかないのか、という疑問が残ります。宿業がこの世の問題であり、しかもこの世で清算する術がないものだとしますと、この世は単に否定すべきものとなります。早くこの世を脱してあの世に往生することが人生の目的になります。輪廻転生は成仏できるまでの厭うべきできごとということになります。

これに対して、親鸞の即得往生には根本的な転換をもたらす可能性が潜んでいると思われます。この世でいま往生できる、成仏できるということは、そこはすでに還相の世界だということです。しかもそれは凡夫の立場に立つ悪人正機の世界です。そこには、この世の人生を肯定し、この世において宿業を生きる意味を肯定し、人間の歴史を肯定する可能性が開けているように思われます。

親鸞においては、末法史観という面はあるものの、現実的歴史的観点はなお明確ではありません。そのことと宿業と輪廻転生に積極的な意味を見出さなかったことには深い関係があるはずです。宿業と輪廻転生の積極的な意味に目を向けなければ、歴史は成立しないし、即得往生の還相の世界観もいまひとつ方向性が明確にならないと思われます。その場合に重要なのは、もう一度確認しておくならば、二種の廻向の還相の世界観において初めて現実が現実になり、歴史が歴史になるということです。

シュタイナーの思想はこの点に関しても大いに参考になると思われます。

## 4 シュタイナーの視点から

まずはこの章のここまでの議論を簡単に振り返っておきましょう。浄土の問題は科学的思考に慣れた現代人には厄介な問題です。しかし、この問題が『歎異抄』の現代的意義を考える上で放置できないのは、親鸞の仏教が現在中心の仏教であるからです。つまり、親鸞の浄土は死後の問題ではなく、現在の問題として私たちに問いかけているのです。

ただし親鸞は、一般の浄土教とは異なり、浄土の荘厳なすがたにはそれほど関心を示しておりません。親鸞の二種の廻向（往相・還相）の立場では、浄土に往生してもそこに留まることなくただちにこの世に戻るのですから、それは当然とも言えるでしょう。

親鸞の浄土観の特徴はまずその阿弥陀仏に見て取ることができます。親鸞は二種法身（法性・方便）の立場を取りますが、方便法身を本尊とします。それは宗教とは体験の問題であるからです。信心獲得も不退の位も即得往生も体験であり、その体験を得るためには自力から他力に転ずるということがなければなりません。

しかし、以上のような親鸞の仏教の特徴は、それまでの浄土教とは違っていても、実は大乗仏教に広く見られるものです。親鸞の仏教の真の特徴や歴史的な意味また現代的な意味は、大乗仏教の教えと新たな在家仏教の道を一つにして、仏教が初めて歴史的現実的なものとなる可能性を開いた点にあると思われます。

浄土そのものに目を向けますと、親鸞の仏教で重要なのは浄土と穢土との関係です。即得往生が成り立つということは、浄土と穢土は区別がありながら分離することができないということです。それは、現生を穢土、後生を浄土と見るのではなく、それぞれ感覚的世界と霊的世界と見る立場と言うことができるでしょう。

浄土と穢土の関係は、宿業、業の法則、あるいは輪廻の問題にかかわっています。一般的には、弥陀の本願のはたらきによって、業の法則に則り輪廻転生を繰り返す迷いの世界を超えること、それが横超ですが、注目すべきは、親鸞の教えには「許される」という言葉がないことです。業の法則はあくまで貫徹されなくてはなりません。横超もまた体験ですが、それは許されるという体験ではなく、「業の中に生きていて而も業を超える」という霊的体験だと思われます。

霊的世界や霊的体験を語る場合、相対的側面と絶対的側面の両面があります。絶対的側面ばかり強調すると、霊的な進展ということは問題になりません。他方、相対的側面ばかり強調すると、この世とあの世は単なる時間的な連続の世界になってしまいます。親鸞の仏教が真に現実的歴史的になるためには、この世を単に横超すべき相対的な迷いの世界と見るのではなく、即得往生の成り立つ世界として、還相廻向の霊的立場にたって、積極的に肯定するのでなければならないと思われます。

以上が本章のここまでの議論のごく大雑把なあら筋です。では、さっそくシュタイナーの説の検討に移ることにしましょう。

シュタイナーは仏教や仏陀に頻繁に触れています。それは特に仏教が現代から将来にかけて人類史的に重要な役割を担うものとして、シュタイナーの世界観に欠かせないものであるからです。つまり、仏教はシュタイナーの世界観の焦点をなすキリスト論に深くかかわっており、例えば『ルカ福音書』から流れ出すのは仏教の精神的成果であると見られています。ここではまず、本書の試みに関連して一つだけもう一度確認しておきたいと思います。

## シュタイナーの仏教観と『歎異抄』

仏教とキリスト教の融合が今後の課題になる、というのがシュタイナーの理解です。しかし、その場合、シュタイナーの視野にあったのは初期の原始仏教であり、その後の仏教の発展は考慮されていない、という指摘があります。[36] もしそのような指摘が当てはまるとすれば、『歎異抄』の現代性をシュタイナーの思想を参考にして捉えようとする本書の方法は役に立たないかもしれません。本書のこれまでの議論を踏まえて、シュタイナーの仏教観と大乗仏教の立場を簡単に比較検討してみたいと思います。

シュタイナーによれば、仏教の背後にはかつての霊的世界と結びついていた状態への望郷意識があり、仏教には感覚的現実世界をマーヤー（幻影）と見る傾向があります。[37] したがって、現在、仏教とキリスト教の融合が求められているということは、霊的世界への回帰と現実世界の肯定との融合が求められていることを意味します。

はたして、その後の仏教の発展の中で、現実世界に対する態度は変化したのでしょうか。現実世界を積極的に肯定しないということは、歴史が問題にならないということです。西田幾多郎は大乗仏教の歴史において、唯一親鸞の仏教だけが歴史に積極的にかかわり得る可能性を秘めているととと考えました。

このような視点からすれば、親鸞の仏教とキリスト教との近似性が指摘されるということには重大な意味があると言えるでしょう。つまり、親鸞の仏教にはシュタイナーが主張する仏教とキリスト教との融合の一つの側面が実際に姿を現している可能性があります。もし、そうであるなら、それこそ『歎異抄』を始めとして親鸞の仏教の現代的な魅力と重要性を示すものと言えるでしょう。

本書のこれまでの議論を少し振り返ってみますと、親鸞の「一人」は仏教のみならずキリスト教を含め宗教一般の基底をなす宗教的自覚であり、「悪」の意識も「悪人正機」の教えもこの「一人」を踏まえたものでした。そして、この「一人」から道は二つに分かれ、禅は仏凡一体の仏の方向に向かい、浄土教は凡夫の方向に向かいます。しかしながら、この段階では禅も浄土教もともに現実界を積極的に肯定する立場にはありません。禅においては即得往生（現下の悟り）を問題としながら、仏の立場に向かうために、現実的歴史的世界は重視されません。他方、法然までの浄土教においては死後の往生を説くために現実界は否定されています。親鸞において仏教史上初めて、即得往生と凡夫の立場が一体化し、仏教が現実的歴史的になった、少なくともその可能性が開かれたと言うことができます。シュタイナーの観点からすれば、そのような経緯の中で誕生した親鸞の仏教は仏教とキリスト教との融合の一つの側面を示すものであり、それは現代の根本的課題に応えるものであると言うことができるでしょう。そのことは親鸞に見られる徹底した悪や罪業の意識にも当てはまります。

シュタイナーは霊的世界が自然科学の対象となる感覚的世界と別に存在するというのではありません。感覚的世界は霊的世界のいわば影であり、人間の歴史もまた霊的世界の出来事を反映しているというのです。その場合、感覚的世界の背後に霊的世界が存在しているというよりも、感覚的世界は霊的世界に浸透されている、あるいは感覚的世界は霊的世界の一つの要素をなしていると言えるでしょう。霊的世界が感知できないのは、ちょうど人間が感知できる光や音の波長が一定の範囲に限られているのと同じであって、霊的世界を知覚する能力が開発されればそれができるようになる、霊眼をもつ「見者」たるシュタイナーはそう語っています。

シュタイナーの重要性の一つは単に見者であるに止まらず、見者であることの歴史的意味を認識し、自らの歴史的使命を果たそうとしたことだと思われます。近代の科学的世界観の興隆期にあって、霊的世界について語ることは社会的立場を犠牲にするというだけでなく、生命をも危険にさらすほどのことでした。実際、シュタイナーは生命を狙われ、その晩年に漸く完成したばかりの活動拠点たるべき建物も放火で失っています。シュタイナーの活動を支える人々の間にも対立が生じました。その苦難に満ちた生涯は親鸞の歩んだ困難な道と共鳴するものがあるように感じられます。

シュタイナーは、近代の唯物論的科学的世界観の克服が歴史的課題であるが、そのためには近代科学の特質を知らなければならない、という態度をとりました。それは近代科学を単に否定するのではなく、霊的視点からそれをさらに拡充しようとする立場です。宗教や哲学の分野のほか、教育、芸術、建築、医学、農業、そして政治経済の分野においても実践的な活動を行い、その影響は今日に及んでいます。

シュタイナーの歴史観は科学的歴史観ではありません。つまり、歴史の意味が問題になります。通常、歴史学は現在までの過去の出来事を対象とするもので、その態度は科学的進化論と同じです。すなわち、現在までの発展や変化の過程を明らかにしようとするものであり、今後の道筋や目標を論じるものではありません。

シュタイナーの場合に歴史の意味が問われるということは、未来の歴史が問題になるということです。シュタイナーは未来の出来事の意味を語ります。しかもそれが起きる年代を極めて具体的かつ明確に述べています。いったい何故、そのようなことが可能なのでしょうか。シュタイナーはアカシャ年代記なるものに依っているのです。このアカシャ年代記について述べているのはシュタイナーに限りませんが、そこには宇宙の出来事がすべて、将来の出来事も含めて記録されていると言われます。シュタイナーは旧約聖書の創世記に語られている世界の誕生以前の宇宙のことから、現在の地球が生まれ変わるとされるはるか未来のことに至るまで宇宙の出来事を展望します。

シュタイナーは単なる機械的な運命論を主張したのではありません。歴史には意味があり、進むべき方向がある、それは神的存在に向けての進化発展であり、それを各時代の人類が、また一人ひとりが担っている、という見方です。それゆえシュタイナーは時代の要請ということを非常に重視します。その時代の人類の課題は何か、使命は何か、それが問題になります。そこでは主体性が求められており、自由と責任が伴います。

過去から将来にわたる歴史が刻まれた年代記があるということは、時間を超えた世界がすでにそこにあるということです。人間の自由はその超時間的ないし無時間的世界に由来するものと考えられます。私たちは常に歴史的時間と超時間的世界とが交錯するところに存在していると言えるでしょう。したがって、過去から現在を通り未来へと流れる時間としては捉えることのできない、無時間的世界に触れる今のここが基点となります。シュタイナーは今ここへの集中の重要性を強調します。この歴史的時間と超歴史的世界の接点において、初めて歴史の使命に貢献するということが可能になるものと考えられます。

先に見ましたように、西田幾多郎は禅も含めて仏教は一般的に歴史を無視ないし回避してしまうが、親鸞の思想において初めて歴史を宗教の内側に捉える可能性が開けたとしてそれを高く評価しました。シュタイナーの立場から見ますと、その歴史は近代の科学的歴史ではなく、意味を有する歴史でなくてはなりません。歴史の意味に貢献する宗教ということでなければなりません。『歎異抄』の現代的意味は何かという本書の問いは、すでにそのような立場からの問いであったと言えるでしょう。

シュタイナーによれば、人間とはそのような歴史的課題に輪廻転生を経ながら取り組んでいくべき存在です。さらに、輪廻転生を経ながら進化の道を歩むべき存在であるということは、人間に限らず、地球にも宇宙にも当てはまります。シュタイナーの世界観においては輪廻転生もまた歴史的時間的現象です。つまり、永遠不変のものではなく、あるときに始まり、あるときに終わるものです。一般に仏教で説かれる輪廻は、それ自体は不変のものであり、そのような輪廻転生を経ながらやがてそこから解脱して成仏することが人間の目標とされます。シュタイナーにおいては、輪廻転生は、歴史的に限定された現象というだけでなく、人類の歴史的進化という枠組みの中で捉えられています。つまり人間は、宇宙全体が輪廻転生しながら進化する中で、人類の進化の構成要素として、輪廻転生を経ながら進化の道を歩むべき存在として捉えられています。

シュタイナーの霊的世界の描写は非常に具体的ですが、それは体験に基づいているからです。さらに、単に体験に基づいているというだけでなく非常に実証的・実践的であるということがシュタイナーの思想の大きな特徴です。また、シュタイナーが語る領域は多岐にわたり、そこには現実的歴史的世界も死後の世界も、時間的世界も超時間的世界も含まれていますが、重要なことはその根底に統一的な霊的世界観があることだと思われます。そのような統一的世界観こそ『歎異抄』や親鸞の思想が現代人の関心を呼ぶ一つの理由なのではないかと、つまり現代の時代的要求の一つなのではないかと思われます。

## シュタイナーの天国・地獄観と『歎異抄』

「地獄と天国という言葉が語られるとき、多くの〔キリスト教〕信者が抱いている迷信的な考えを思い浮かべてはなりません。今日、少なからぬ信者たちが地獄・天国の深い意味を知らずに戦っています」とシュタイナーは語っています。[◆38] 地獄と天国という概念には深い意味があるが、それは一般の認識とは異なるものだというのです。

シュタイナーの世界を図式的に示すと次のようになります。ここには、天国と地獄、浄土と穢土といった見方とはまったく別の世界観があります。シュタイナーは死後の魂ないし心魂のたどる経過の説明の中で、心魂の世界の第五領域〔心魂の光の世界、図参照〕に至ると、「宗教活動を通して物質生活の向上を期待していた人々の魂も、この領域で浄化を受ける。その人びとの憧憬の対象が地上の楽園だったのか、それとも天上の楽園だったのかはどちらでもよい。いずれの場合も、このような人びとの魂は、『魂の国〔心魂の世界〕』の中で、この楽園に出会う

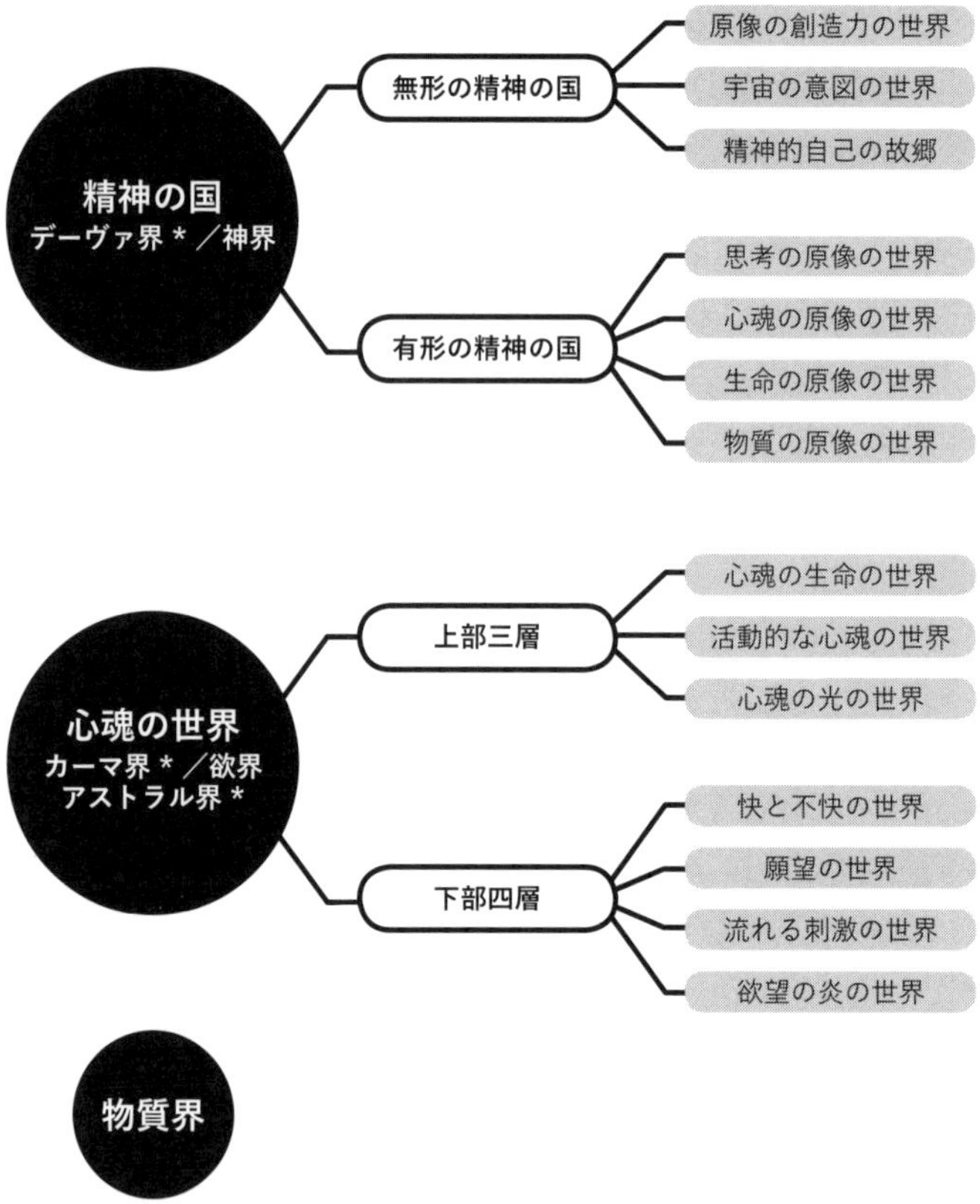


＊神智学では梵語を用いて、精神の国をデーヴァ界（神界）、心魂の世界をカーマ界（欲界）と呼ぶ。心魂の世界は、西洋神秘学ではアストラル界と呼ぶ。心魂の世界はイマジネーション（浄化に関連）によって、有形の精神の国はインスピレーション（開悟に相当）、無形の精神の国はインテュイション（神秘的合一に相当）によって認識できるとされる。

出所：シュタイナー『天国と地獄』の編訳者・西川隆範の「緒言」より作成。

であろうが、それは結局、このような楽園の空しさを悟るため」だと述べています。[39]地上の楽園であれ天上の楽園であれ通常の楽園（極楽浄土）という概念は結局価値がないというのです。

このようなシュタイナーの世界を貫く重要な要素が進歩や成長あるいは進化です。健全な進歩を促すことが善であり、それを阻むことが悪です。進歩を促す霊的な善の力とそれを阻む霊的な悪の力があります。シュタイナーの世界は基本的に霊的（心魂的・精神的）世界です。

物質的な世界と霊的な世界の違いについて、シュタイナーは遺伝と輪廻の比較によって説明しています。[40]例えば、天才が遺伝するのであれば天才は家系の最初に現れるはずなのに、通常天才は家系の最後に現れることから、天才は霊的に輪廻するのであって物質的に遺伝するのではない、というのがシュタイナーの論理です。

それではその輪廻するものとは何か、が問題になります。シュタイナーは目覚めと眠りの交替と生と死の交替に目を向けます。物質体・エーテル体・アストラル体・個我体（自我）という人間の四つの構成要素が鍵を握っています。眠ると意識を失いますが、それは横たわっている物質体とエーテル体（生命体）からアストラル体と個我体が離れるからです。翌朝、アストラル体と個我体が物質体とエーテル体の中に入ると意識が戻り、目覚めます。

他方、死を迎えると、アストラル体と個我体だけでなく、エーテル体も物質体から離れ、物質体は物理化学的作用に委ねられ土に返ります。死の瞬間に過ぎ去った人生のパノラマが現れますが、これはエーテル体が記憶の担い手であることによります。臨死体験をした人が同様の経験をするのは、エーテル体と物質体の間にゆるみが生じたためです。その後しばらくしてエーテル体はアストラル体と個我体から離れますが、エーテル体のうちの人生の果実ともいうべき部分は残ります。

次に、アストラル体は欲望や快・不快の担い手ですが、いまや物質体がないので欲望を満たすことができません。人間は欲望から抜け出すまで苦しみます。これがいわゆる欲界で過ごす時期、浄化の時期です。人間の欲望にはさまざまなものがあるので、それに応じて浄化もさまざまな段階を経ます。

さて、死から誕生までの死後の人間存在は発展を促す力とそれを妨害する力に出会います。そして、その妨害する力を有しているものとは人生の果実です。過ぎ去った人生の果実は人間を物質界に縛り付けるもの、輪廻転生をもたらすものです。

この妨害する力と結びついた状態がシュタイナーのいう地獄です。地獄とは「精神的・心魂的世界への理解なしに個我が物質的・感覚的なものに執着する状態」であり、霊的な地獄の苦しみを味わうのです。

しかし、人類の進化のためには妨害する力が、地獄が必要だというのがシュタイナーの理解です。人間の本性は精神であり、「妨害する器官が人間のなかで発展することによって、精神は感覚的なもののなかに入り、感覚的なものの果実を受け取って、拡張できる」というのです。

ただし、「障害物は、精神的に考察すると、前進の最高の担い手」であるけれども、「それが自己目的になったり、利己的に用いられると、地獄の萌芽」となる、「地球の人間の能力を生み出したものは、人間が時期はずれに結び付くと自己目的化し、地獄の萌芽」となる、「かつては前進の手段であったものが、人間存在のなかに保存されると、地獄的な要素になる」、「地獄の力も、人間生活のなかで『自らの道』を進むと、恐ろしいもの」になる、とシュタイナーは述べています。

他方、天国という概念については、その真の意味がさまざまな宗教の信仰箇条からほとんど消え去っているけれども、「天国は遠い彼方にあると夢想されるもの」ではなく、いま「私たちがいるところに存在するもの」であるとシュタイナーは述べています。ここでシュタイナーが「天国」と呼ぶのは「超感覚的世界」のことです。『いかにして高次世界の認識に到達するか』で示唆した方法によれば、「誰もが天国・超感覚的世界を完全に観照できるようになる」というのがシュタイナーの認識です。

以上で、シュタイナーの天国・地獄観はいちおう明らかになったと思われます。天国とは超感覚的（霊的）世界を指し、地獄とは感覚的（物質的）世界に縛り付けられた状態を指します。

しかし、地獄は人間の進歩のために必要なものであり、必ずしも天国と対立するものではありません。地獄を生む力が輪廻転生をもたらす力であり、輪廻転生を通して人間は成長します。

さて、このようなシュタイナーの理解と親鸞の浄土観を比較すると何が見えてくるでしょうか。親鸞の場合は輪廻転生を積極的に語ることはありません。それは何故でしょうか。親鸞の場合、浄土の世界に強い関心を示さないということは、二種の廻向によって往相即還相としてただちに衆生の往生の手助けに向かうからであるとしても、そうであればこそやはり中心は浄土です。即得往生という場合も往生する先は浄土です。穢土即浄土であっても主体は浄土です。つまり、親鸞は穢土たるこの世にも強い関心を示していないことになります。輪廻転生は穢土の世界のことであり、主たる関心の的とならないのは当然でしょう。

親鸞が浄土にも穢土たるこの世にも強い関心を示さなかったということは、一つには浄土と穢土はともに相対的世界であるからだと思われます。問題は絶対の世界であり、それが穢土即浄土の立場、大乗仏教の本流の立場ということだと思われます。

しかし、その絶対の立場によって親鸞の仏教は浄土の側面においても穢土の側面においても抽象的になったということが言えるのではないでしょうか。シュタイナーの説く感覚的世界（穢土）と超感覚的世界（浄土）は、それがどのように抽象的であるかを示していると思われます。ただし、シュタイナーの世界観に関しても、超感覚的世界と感覚的世界という相対性、あるいは進化や輪廻転生といった時間的・空間的な相対性を超えた絶対的側面にも目を向けなくてはならないでしょう。

もう一つ、親鸞の仏教では「一人」は問題になっても、その構造は問題になっていません。他方、シュタイナーの世界観では人間の構造が根本的な意味を有しています。天国と地獄の問題も、輪廻の問題も、人間の構造を踏まえて初めて語られ得るものです。シュタイナーの思想は親鸞の「一人」がなお抽象的であり、十分に現実的歴史的になっていないことを示しているように思われます。

## 「第四章」の注

1◆谷口雅春『親鸞の本心』65〜66頁。

2◆吉本隆明『最後の親鸞』64〜66、74頁。

3◆鈴木大拙「極楽と娑婆」、『鈴木大拙全集第六巻』75頁。

4◆上田義文『親鸞の思想構造』181頁以下。

5◆これは上田による『唯信鈔文意』の該当箇所の要約であるが、いまは上田に従う。

6◆鈴木大拙「わが真宗観」、前出360〜361頁。

7◆鈴木大拙「真宗概論」、同前423頁。

8◆鈴木大拙「真宗管見」、同前59頁。

9◆上田義文、前出190頁。

10◆鈴木大拙「わが浄土観」「わが真宗観」、前出329、366頁。

11◆同じことを大拙は「真宗は、大智大悲の、悲の方が用(はたら)いて出る教」(「わが真宗観」、前出370頁)だと述べている。

12◆上田義文、前出191頁。

13◆鈴木大拙「真宗管見」、前出37頁以下。

14◆同前、135頁。

15◆上田義文、前出176〜177頁。

16◆鈴木大拙「真宗管見」「極楽と娑婆」「浄土観・名号・禅」、前出45、75、113頁。

17◆鈴木大拙「極楽と娑婆」、同前70頁以下。

18◆鈴木大拙「浄土観続稿」、同前182頁。

19◆上田義文、前出56頁。

20◆同前、60頁。

21◆鈴木大拙「真宗管見」、前出62頁。

22◆同前、14頁。

23◆鈴木大拙「浄土観・名号・禅」、同前113頁。

24◆同前、114頁。

25◆鈴木大拙「真宗管見」、同前14頁。

26◆鈴木大拙「浄土観・名号・禅」、同前121頁。

27◆鈴木大拙「真宗管見」、同前14頁。

28◆鈴木大拙「浄土観続稿」、同前190頁。

29◆鈴木大拙「浄土観・名号・禅」、同前113頁。

30◆鈴木大拙「わが真宗観」、同前348頁。

31◆鈴木大拙「極楽と娑婆」、同前82頁。

32◆鈴木大拙「わが真宗観」、同前349頁。

33◆瓜生津隆真・細川行信『真宗小事典』「輪廻」の項。

34◆佐倉政治『親鸞』122頁。

35◆六道は衆生が輪廻する範囲の道程で、地獄道、餓鬼道、畜生道、修羅道、人間道、天道をいう。四生は生き物の生まれ方を四つに分類したもので、胎生、卵生、湿生、化生をいう。浄土真宗教学研究所編纂『浄土真宗聖典　歎異抄（現代語版）』では「迷いの世界にさまざまな生を受け」と訳されている。

36◆例えば、シュタイナー『人智学・神秘主義・仏教』の編者・新田義之による「あとがき」参照。

37◆シュタイナー『人智学・神秘主義・仏教』所収「仏陀」参照。

38◆シュタイナー『天国と地獄』19頁。

39◆シュタイナー『神智学』ちくま学芸文庫、133頁。

40◆以下、シュタイナー『天国と地獄』の「地獄」「天国」による。

# 第五章 まとめ

ここまでの錯綜した、また引用の多い議論を苦痛に感じられた方も少なくないかもしれません。その原因は主として筆者の力不足にあるものと思いますが、ここではそのような読者の一助になることを願って、本書の議論の大筋を最初から簡単に振り返ってみたいと思います。各章の末尾でもまとめを行いましたので重複する部分も多々ありますが、その点はご容赦をお願い致します。

まず、「まえがき」では、執筆の動機、アプローチの仕方、主要テーマなどを確認しました。七百年以上も前に書かれた『歎異抄』が今なお多くの人々の心を惹きつけるということはどういうことなのか、それを知りたいというのが執筆の動機です。その場合、二つの側面があります。現代の私たちが自分の抱える問題を解決する手がかりを『歎異抄』に求めるという側面と、そもそも私たちにとって何が問題なのかを『歎異抄』が明らかにしてくれるという側面です。そこには一言でいえば時代性の問題があります。

この時代性の問題を考えるときに有益な示唆が得られると思われるのがルドルフ・シュタイナーの思想です。『歎異抄』ないし親鸞の思想とシュタイナーの思想を照らし合わせることによって、前者の現代的な意義に新たな光を当て、できれば併せてシュタイナーの思想にも日本の思想的伝統から新たな光を当てる、というのが本書のアプローチの仕方です。

時代性ということに関連して、西田幾多郎は、仏教は親鸞において初めて具体的歴史的立場が開かれたと述べています。西田の問題意識はどこにあったのか、仏教が具体的歴史的になったとはどういうことなのか、この問題が本書の主要テーマの一つです。

『歎異抄』ないし親鸞とシュタイナーの思想を照らし合わせたときに浮かび上がってくるのが、前者の「一人」と後者の「自己意識」の問題です。親鸞の「一人」とシュタイナーの「自己意識」が同じものを指しているとすれば、「自己意識」は歴史的現象ですから、「一人」もまた歴史的に限定されたものとなります。しかし、西田は「一人」を宗教の核心として不変的なものと捉えており、その点においては日本的霊性という観点から鎌倉新仏教、特に禅と真宗を高く評価した鈴木大拙も同じです。この「一人」の歴史性という問題も本書の重要なテーマです。

大拙の霊性とシュタイナーの霊的世界観との比較もまた本書の課題です。大拙は親鸞を深く理解し高く評価しましたが、シュタイナーの観点からしますと、西田のいう具体的歴史的という点で問題が残ります。これは霊性と現実との関係、「現実即絶対」（西田）の関係にかかわる問題であり、それはまた『歎異抄』の霊性と現代との関係という問題でもあります。

シュタイナーは仏教に頻繁に言及していますが、その輪廻観と浄土観には親鸞との違いがみられます。この違いの構造を明らかにして、それが現代の私たちの生き方にとって何を意味するのか、その点を検討することも本書の課題です。

さらに、シュタイナーの世界観と照らし合わせますと、親鸞に現れた強烈な宗教的衝動という側面に光を当てることができます。

だいたい以上のようなことが「まえがき」で確認した本書の主なテーマないし課題、あるいは問題意識です。

次に「序章」に移りますと、ここでは「まえがき」で触れた時代性の問題を、いま私たちが直面している時代的・歴史的課題とは何か、という観点から検討しました。

まず注目したのは、日本的霊性なるものが鎌倉時代に至って初めて覚醒したという大拙の主張です。「霊性」とは個人的経験としての「宗教意識」であり、『万葉集』にはまだ深刻な宗教意識が認められないというのです。この宗教意識が大拙の霊性の一つの側面です。

そのもう一つの側面は、人間の意識にかかわらない客観的な霊性の世界です。「娑婆＝感覚と知性の世界」に対しての「極楽＝霊性の世界＝法界」でありながら、両者は渾然として分割不可能な一系統をなしており、人間は感覚と知性の世界の住人であると同時に霊界の住人でもあり、宗教や極楽や安心は霊界に属する事柄だというのです。宗教が知性の問題ではないということは、妙好人をみても明らかです。

さて、大拙は日本的霊性が鎌倉時代に覚醒したとして、その代表的事例を禅と真宗に見たわけですが、それに対して大乗仏教の中で特に真宗に仏教が歴史的現実的になる可能性があり、時代は真宗を求めているというのが西田の理解でした。それでは、仏教が歴史的現実的になるとは具体的にどういうことかと言いますと、それを示唆する一つの事例がシュタイナーの思想と活動ではないかと思われます。

時代が真宗を求めているという場合に想定される、克服すべき「現代の課題」とは何かという点に目を向けてみますと、一つには宗教と科学の対立という構図があります。これをシュタイナーの理解を参考として霊性の観点から見ますと、問題は科学的世界観というよりも霊性を否定する唯物論的世界観にあると考えられます。つまり、対立しているのは宗教と科学ではなく、宗教ないし霊的世界観と唯物論ないし唯物論的世界観ということになります。シュタイナーは自らの霊学（精神科学）は自然科学を正しく受け継ごうとするものだと述べていますが、その受け継ぐべきものとは客観的な科学的真理のような、利己的でない、純粋な認識衝動であり、合理的思考だと考えられます。

また、精神科学は今日の私たちが認識を深める、あるいは高次の認識に至る一つの方法だけれども、もう一つ別の方法もあるというのがシュタイナーの理解です。シュタイナーの方法を「認識の道」と呼ぶとすれば、もう一つは「感情の道」です。両者の違いは、「認識の道」の場合はどのような生活状況においても歩み通すことができるものであるのに対して、「感情の道」の場合は現在の生活から隠遁して孤独になることがほとんど不可欠である点にあるとされます。これは親鸞の真宗を含む浄土系の在家仏教と出家仏教との違いに相当し、シュタイナーの方法は在家仏教の立場に当たると言うことができそうです。

近世以来の唯物論的科学の発展は無神論の台頭と結び付いており、無神論はニヒリズムと実存思想に関連しています。したがって、もう一つの現代の課題としてニヒリズムと実存思想を挙げることができるわけですが、無神論もニヒリズムも実存思想も本来はキリスト教を背景とする西洋の精神史にかかわる問題です。大乗仏教には、西谷啓治も指摘したように、ニヒリズムを超克した立場がすでに含まれているのであり、その代表的なものの一つが『歎異抄』ないし親鸞の立場だと考えられます。

以上のように、「序章」では、まず日本的霊性が鎌倉時代に覚醒したとする大拙の主張に注目したわけですが、それはその覚醒の影響が引き続き現代にも及んでいると考えられるからです。私たちの時代は親鸞の真宗を求めている、というのが西田の理解でした。それは大乗仏教の中で唯一真宗だけに仏教が歴史的現実的になる可能性を見たからです。歴史的現実に目を向けたとき初めて現代という時代の課題が問題となります。その現代の課題の一つの側面が宗教と唯物論の対決であり、無神論やニヒリズムや実存思想の台頭です。しかし、実は大乗仏教には本来すでにニヒリズムを超克した立場が含まれているのであり、その代表的なものの一つが親鸞の立場だと考えられる一方、シュタイナーの立場はその親鸞の立場に近いというだけでなく、西田が述べた仏教が歴史的現実的になるということの実例を示していると思われます。

親鸞とシュタイナーの立場の類似性に関して特に注目すべき点の一つは、親鸞における「思考としての信」とシュタイナーにおける思考の重視です。「思考としての信」は『歎異抄』の後序に出てくる「親鸞一人がため」の「一人」とも結び付いていると、つまり、この「一人」は思考する一人であると思われます。

「第一章」ではその「一人」の問題を取り上げました。「一人がため」は親鸞にとって極めて重要な事柄であり、それは浄土真宗の極意を示すということができるでしょう。しかし、それは真宗独自の特徴というより、日本的霊性の発現であり、さらには広く宗教一般の成立に当てはまるものと見られます。

「一人」は霊性の、宗教意識の問題ですが、シュタイナーの視点からしますと、それは単なる自我ではなくそれを意識する意識としての「自己意識」の覚醒を意味します。そして、そのような自己意識の覚醒と発達が今日の歴史的課題である、というのがシュタイナーの理解です。つまり、親鸞の「一人」が（日本的）霊性の発現であるということの重要性は、それが永遠不変のものであるからというよりも、特に現代にかかわる歴史的課題であるからということになります。

西田は親鸞の真宗に仏教が具体的歴史的になる可能性を見たわけですが、その一つの特徴は方便法身を本尊とする二種法身の立場です。シュタイナーの立場も絶対界に対して相対界を重視する点で親鸞の立場に近いと言うことができます。

親鸞の仏教のもう一つの特徴は現在中心性です。ただし、これは従来の浄土教に対しての特徴であって、それによって親鸞の仏教はかえって大乗仏教の真髄に返ったと言うことができます。この現在中心性もシュタイナーの立場と同じです。

親鸞の仏教の真の特徴はこのような二種法身の立場と現在中心性の融合に見ることができます。それはつまり現実即絶対の立場であり、西田幾多郎はそこに期待したものと考えられますが、そのような特徴は上記のようにシュタイナーの立場にも共通しています。

また、親鸞の「一人」は絶対他力と一つになった、自力即他力・他力即自力の、仏凡一体の「自分」です。そこに生まれるのが名号であり、また物事がわかるということだと考えられます。シュタイナーの視点からしますと、物事がわかるということは思考の働きにより、思考の働きは人間の霊性（精神的要素）により、霊性はいわば絶対他力の世界の事柄であると言うことができるでしょう。一方、思考はまた個々の人間によって担われた具体的歴史的できごとであり、思考を重視する立場は現在中心の立場でもあります。このようなシュタイナーの立場は親鸞の「思考としての信」の立場に類似していると見られます。

親鸞の仏教が具体的歴史的であるということは、仏凡一体における凡夫の立場をとるということでもあります。「一人」の覚醒は自己のあり方の転換を要請しますが、その転換に仏教史上初めて他力仏教の道（在家仏教の道）を開いたのが法然・親鸞であり、それは偉大な業績です。シュタイナーの視点からしますと、通常の日常生活を営みながら霊的世界に目覚める道は今日の時代的要請であり、その要請に応えることがシュタイナーの活動の目的でした。そのことを考えますと、今日の時代的要請に応える道が、すでに七五〇年以上も前に法然・親鸞によって開かれていたのであり、改めてその功績を思わないわけにはいきません。

そのような他力仏教の凡夫の立場の背後には末法史観があります。それは親鸞の仏教が具体的歴史的であることの一つの側面ですが、それと同時に親鸞の仏教が時間だけでなく場所にも制約されることも意味しています。日本的霊性の日本的ということが、その具体的内容が問題になります。その場合、親鸞の思想との類似点が見られるシュタイナーの思想もまた、時間的歴史的制約のほか、西洋という場所的制約を受けているはずであり、シュタイナーの思想との比較が日本的ということの具体的内容を明らかにする手がかりになると思われます。

また、大拙が述べているように、鎌倉新仏教における日本的霊性の覚醒が、仏教の移植というより、仏教の渡来に触発された日本に本来的な霊性の覚醒を意味しているなら、シュタイナーの思想に関しても、それが重要な役割を果たすためには、単に移植されるのではなく、それによってこれまで眠っていた本来の日本的なものが目覚めるのでなくてはならないでしょう。

これは民族性の問題です。シュタイナーによれば、進化の過程で人間はいったん民族的な制約から自由になり、人類全体の立場に立つことが求められますが、それを経て再び民族の立場に戻る必要があります。なぜなら、民族は人類全体の歴史的課題に貢献すべきそれぞれの使命を負っているからです。民族の問題は利己的自己にとらわれた嫉妬を生みやすいことに注意しなければなりませんが、重要なことは民族性の単なる保持ではなく、現在中心の立場に立って、時代の要請に応え、その役割ないし民族性そのものの歴史的変容を的確に認識することにあると思われます。

なお、親鸞が「親鸞」と自称していることに注目しますと、そこに親鸞の自己相対化をみてとることができると思われます。自己相対化とは仏凡一体の仏の立場と凡夫の立場を自由に往き来することを意味するでしょう。「一人」も仏の立場に立てばかけがえのない「ひとり子」であり、凡夫の立場に立てば「親鸞一人がため」です。シュタイナーの視点からしますと、「一人」の具体的構造を考察することが親鸞の「思考としての信」を理解する上でも重要であり、また可能なことでもあると思われます。

「第二章」では「悪人正機」の問題を取り上げました。「悪人正機」とは、「煩悩具足を本性とする人間はすべて悪人であるのに、それも知らず自分を善人だと思っている（善）人でさえ往生できるのに、自分が悪人であることをよく知っている（悪）人が往生できないはずがない」という意味にとることができます。

ここには親鸞独自の立場が現れています。つまり、『無量寿経』の第十八願には「ただ、五逆（の罪を犯すもの）と正法を誹謗するものを除かん」とありますが、親鸞はすべての世界のあらゆるものが往生できるという立場をとります。「悪人正機」は、「悪人往生」の教義を立ててもなお「善人往生」を第一とした法然の立場とも異なります。そこには自分が煩悩を脱することのできない罪人であることを自覚した親鸞独特の徹底した人間観が見てとれます。

一般には「煩悩具足の凡夫」と言われますが、親鸞は「凡夫」ではなく「悪人」しかも「極悪人」と呼びます。ここに親鸞の「一人」の特徴が表れていると言えるでしょう。つまり、親鸞の「一人」は「極悪人」の自覚を通して初めて達することのできる境地だと思われます。

この場合、親鸞の思想には哀傷がないという吉本隆明の指摘は非常に重要です。親鸞の「一人」は「極悪人」ですが、単に穢土としてこの世を嫌い浄土を欣求するものではありません。それは往相廻向と還相廻向の二種の廻向の立場であり、現世を肯定する現在中心の立場です。

シュタイナーの視点からしますと、親鸞の単なる「凡夫」ではない「悪人」の立場には歴史的重要性があります。シュタイナーが用いている時代区分によれば、現代の第五文化期（一四一三〜三五七三）は知性や理性の発達を特徴とする主知主義の時代で、知性と徳性はほとんど別個の領域を形成しており、道徳的な行為に喜びを感じないとしても知力が損なわれることのない時代です。ところが、次の第六文化期（三五七三〜五七三三）になると、何が道徳的で何が不道徳かという点に関する明確な感情が生じて、知的であっても不道徳であるような人の心的能力は次第に退化し、第七文化期（五七三三〜七八九三）には徳を有しない知は存在することができなくなるとされています。

また、現代の第五文化期に先立つ第四文化期（BC七四七〜AD一四一三）には人為的に魔術的手法で成し遂げられていた知性と徳性との調和を、魂の内的進化を通じて成し遂げるのが人類の将来の課題であるというのがシュタイナーの理解です。それはつまり外的に成し遂げられていた霊界との結びつきを内的に成し遂げるということであり、それが現代の第五文化期から第七文化期にかけて達成されるべき課題とされているのです。その場合、「内的に」ということは「一人」を通してということだと考えられます。

このようなシュタイナーの理解はいわば道徳の立場に立つものであり、それは人間を単なる「凡夫」ではなく「悪人」と捉える親鸞の立場に通じる面があると思われます。シュタイナーの立場から見ますと、親鸞の「悪人」および「悪人正機」は時代の要請に応えるものとしてさらに重要な意味をもってきます。

シュタイナーの第五文化期から第七文化期に至る道徳的課題と親鸞の二種の廻向を比較しますと、二種の廻向は末法史観を背景としながらも現在中心の立場であるのに対して、各文化期の特徴に注目するのはいわば歴史的時間の立場あるいは歴史的現在の立場です。親鸞においては、関心の中心は飽くまでもその時代が末法に当たるということであって、将来に及ぶ人間の課題ではありません。それに対してシュタイナーの場合は、現代の第五文化期から第七文化期に至る過程を見据えた上で、いま何を為すべきかが主要なテーマになります。その場合、時代の要請に応え、いま求められている課題をこなすということは、ある意味で時代を先取りするということです。それこそがシュタイナーの立場であると言えるでしょう。時代を先取りするということは、現代にあって次の時代の準備をするということであり、次の文化期に期待されている道徳感情に目覚める道を、つまり霊界との結びつきを内的に達成する道を、先に進むということです。親鸞にはそのような時代意識は認められないとしても、現在中心の立場に立つということは自ずと時代の要請に応えるということであり、それが「悪人」の立場に立って「一人」の道を極めることにつながってくるものと思われます。

三願転入の経緯は自力即他力・他力即自力の絶対他力の世界を表しており、悪人正機も絶対他力の世界において初めて成り立つ善人即悪人・自力即他力の立場です。『歎異抄』第九条の親鸞の言葉も、絶対他力における他力（仏）の立場と自力（凡夫）の立場を往き来しながら語られていると言うことができるでしょう。それはまた懺悔即賛歎の世界でもあります。

シュタイナーもまた超感覚的な霊的世界と感覚的な物質的世界を往き来しながら語っており、二人ともそのようにしなければ語り得ないことを語ったと言うことができるでしょう。ただし、シュタイナーの場合は超感覚的な世界がただちに善の世界を意味するものではありませんので、仏と凡夫、浄土と穢土（あるいは先にみた大拙の、娑婆＝感覚と知性の世界に対する極楽＝霊性の世界＝法界）といった構造にぴったり当てはまらないという印象を受けるかもしれません。しかし、この章の後段でも触れますが、それは両者の違いを示すというより、かえってそれらの関係や概念を明確にするものだと思われます。

悪人であるということは煩悩から離れられないということですが、シュタイナーの視点からしますと煩悩にも時代性がなくてはなりません。今日の煩悩の特徴はそれが物質的・感覚的である点にあると言えるでしょう。

また、親鸞においてもなお煩悩は罪業や輪廻の原因として脱すべきものであり、それが望めない煩悩具足の凡夫でも根こそぎ摂取してしまうのが弥陀の本願力による横超ですが、シュタイナーの視点からしますと、煩悩や輪廻は単に否定すべきものではなく、その意味を知るべきものであり、知るということは脱却を意味すると考えられます。煩悩や輪廻を単に否定する立場はなお十分に現実的歴史的ではないと言えるでしょう。

「第三章」では「他力」という側面から検討しました。『歎異抄』も含めて親鸞の思想がもつ特有の魅力やその現代性の核心は、親鸞において仏教史上初めて成立した「他力仏教」の構造にあると思われます。

親鸞は自らの仏教を「他力廻向」の教え、その他の仏教を「自力」の教えと呼んで区別しましたが、法然の教えにもなお自力の要素が含まれています。しかしながら、「他力」の立場は大乗仏教の真髄であり、親鸞の「他力仏教」の成立はかえって浄土教の大乗仏教の原点への回帰を意味し、親鸞が『教行信証』をまとめた意図もまたその点にあったと考えられます。

シュタイナーの視点からしますと、現代はキリスト教と仏教の合流点に位置しており、仏教は重要な役割を担っています。『歎異抄』が世界的に広く読まれているということの意味をその点から捉えることもできるでしょう。ただし、シュタイナーが仏教について語るとき、それは過去の教えではなく、仏陀がいま語っている教えを意味していることに注意しなくてはなりません。仏陀は霊的高みから今なお人類に大切な真理を伝えているというのがシュタイナーの理解です。そのような今の教えの一つが「輪廻転生とカルマの理念」です。つまり、シュタイナーは輪廻転生とカルマの法則を説きますが、それは古い仏教の教えではなく、仏陀が霊的高みからいま説いている新たな教えだというのです。

私たちの関心は、『歎異抄』や親鸞の仏教がいま求められているという点にあります。鎌倉時代の人々ではなく、現代の私たちがそれを必要としているかどうかが問題です。日本的霊性が鎌倉時代に覚醒したという歴史性をさらに徹底させるなら、日本的霊性はその後も変化や深化を遂げながらいま現在もここに働いているものと考えられます。私たちが『歎異抄』や親鸞の教えから学ぶということは、そのいま現在ここに働いているものを学ぶということでなくてはならないでしょう。それこそ親鸞がとった現在中心の立場であると思われます。私たちがここでシュタイナーに目を向けることも、現在中心の立場をとることによって初めて意味をなすものと思われます。

さて、親鸞の他力仏教の大乗仏教としての普遍性ではなく、その独自性に目を向けますと、一つには法然から受け継いだ在家仏教の立場があります。これは、既に述べましたように、日常生活を離れることなく超感覚的（霊的）世界の認識を得る道を重視するシュタイナーの立場と同じです。

もう一つは「即得往生」の立場であり、これは法然の「浄土往生」の立場と異なります。両者の重要な違いは現世を積極的に肯定するか否かにあります。現世肯定は禅などでも同じですが、それが在家仏教と結び付いたところに、仏教が現実的歴史的になる可能性が開かれたと言えます。禅の立場を現世肯定の仏凡一体における仏の立場とすれば、親鸞の仏教は仏凡一体における凡夫の立場と言うことができ、それはシュタイナーの立場にも当てはまるでしょう。

親鸞の他力仏教に関してもう一つ確認しておきたいことは、例えば『歎異抄』第一条に「摂取不捨の利益にあづけしめたまふなり」とありますが、「摂取不捨」は親鸞の体験を表しているという点です。「摂取不捨」は「信心獲得」の経験でもあり「不退転」の経験でもあるで

しょうが、それは親鸞が既にこの世で救いに与ったということ、「即得往生」を意味していま
す。「即得往生」を可能にするのが「不退の位」（「摂取不捨」が成立してから「無常涅槃」に至るまでの道程）というものです。

このような構造にはシュタイナーの説と似ている点があります。シュタイナーによれば、現代の人間には超感覚的（霊的）世界を認識する能力の獲得が求められていますが、そのような能力の獲得あるいは覚醒もまた不退転の経験だと思われます。ただし、そのような覚醒経験と仏になるべき身と定まる「不退の位」に入る「摂取不捨」の経験との関連については、真実の浄土（真仏土）の周辺にあるとされる化身土の概念も考慮に入れた慎重な比較検討が必要になるでしょう。

また、人は霊的世界に目覚めてもそのすべてを一気に知ることができるのではなく、徐々に理解を深めること、あるいは次第に高次の世界に達することが求められているというのがシュタイナーの理解ですが、そのような構造は「不退の位」における「無常涅槃」までの道程を連想させます。

「不退の位」を「時」の問題として捉えますと、現在中心の立場において日常的時間と歴史的時間を区別することができます。そして、『歎異抄』の今日的意義は、単なる日常的時間の立場ではなく、歴史的時間の立場に立つことによって初めて的確に捉えることができると言え

るでしょう。しかし、シュタイナーの視点からしますと、その歴史は単なる感覚的物質的歴史ではないということが重要です。それは二種の廻向の世界の歴史であり、土台は浄土にあると言うことができるものと思われます。

「第四章」ではその浄土の側面に目を向けました。浄土の問題は科学的思考に慣れた現代人には厄介な問題です。しかし、この問題が『歎異抄』の現代的意義を考える上で放置できないのは、親鸞の仏教が現在中心の仏教であるからです。つまり、親鸞の浄土が死後の問題というより、現在の問題であるからです。

ただし親鸞は、一般の浄土教とは異なり、荘厳された浄土のすがたにはそれほど関心を示しておりません。親鸞の二種の廻向（往相・還相）の立場では、浄土に往生してもそこに留まることなくただちにこの世に戻るのですから、それは当然のことかもしれません。

親鸞の浄土観の特徴はまずその阿弥陀仏に見て取ることができます。親鸞は二種法身（法性・方便）の立場を取りますが、方便法身を本尊とします。それは宗教とは体験の問題であるからです。信心獲得も不退の位も即得往生も体験であり、その体験を得るためには自力から他力に転ずるということがなければなりません。

しかし、以上のような親鸞の仏教の特徴は、それまでの浄土教とは違っていても、実は大乗仏教に広く見られるものです。親鸞の仏教の真の特徴や歴史的な意味また現代的な意味が、大乗仏教の教えと新たな在家仏教の道を一つにして、仏教が初めて歴史的現実的なものとなる可能性を開いた点にあることは既に見たとおりです。

浄土そのものに目を向けますと、親鸞の仏教で重要なのは浄土と穢土との関係だと思われます。即得往生が成り立つということは、浄土と穢土は区別がありながら分離することができないということです。それは、現生を穢土、後生を浄土とみるのではなく、感覚的世界を穢土、霊的世界を浄土とみる立場と言うことができるでしょう。

浄土と穢土の関係は、宿業、業の法則、あるいは輪廻の問題にかかわっています。一般的には、弥陀の本願のはたらきによって、業の法則に則り輪廻転生を繰り返す迷いの世界を超えること、それが横超ですが、注目すべきは、親鸞の教えには「許される」という言葉がないことです。業の法則はあくまで貫徹されなくてはなりません。横超もまた体験ですが、それは許されるという体験ではなく、「業の中に生きていて而も業を超える」という霊的体験だと思われます。

霊的世界や霊的体験を語る場合、相対的側面と絶対的側面の両面があります。絶対的側面ばかり強調すると、霊的な進展ということは問題になりません。他方、相対的側面ばかり強調すると、この世とあの世は単なる時間的な連続の世界になってしまいます。親鸞の仏教が真に現実的歴史的になるためには、この世を単に横超すべき相対的な迷いの世界とみるのではなく、即得往生の成り立つ世界として、還相廻向の霊的立場にたって、積極的に肯定するのでなければならないと思われます。

次に、「第四章」の最後でシュタイナーの宗教観ないし世界観について若干まとめて検討しましたので、ここでも簡単に振り返っておきたいと思います。

シュタイナーは仏教や仏陀に頻繁に触れていますが、それは仏教が現代から将来にかけて人類史的に重要な役割を担うものとして、シュタイナーの世界観に欠かせないものであるからです。例えば、仏教はシュタイナーの世界観の焦点をなすキリスト論に深くかかわっており、『ルカ福音書』から流れ出すのは仏教の精神的成果であると見られています。

シュタイナーによれば、仏教の背後にはかつての霊的世界と結びついていた状態への望郷意識があり、仏教には感覚的現実世界をマーヤー（幻影）と見る傾向があります。したがって、現在、仏教とキリスト教との融合が求められているということは、霊的世界への回帰と現実世界の肯定との融合が求められていることを意味すると考えられます。現実世界を積極的に肯定しないということは、歴史が問題にならないということです。西田幾多郎は大乗仏教の歴史において、唯一親鸞の仏教だけが歴史に積極的にかかわり得る可能性を秘めていると考えました。このような視点からすれば、親鸞の仏教とキリスト教との近似性が指摘されるということには重大な意味があると言えるでしょう。つまり、親鸞の仏教にはシュタイナーが主張する仏教とキリスト教との融合の一つの側面が実際に姿を現している可能性があります。もし、そうであるなら、それこそ『歎異抄』を含め親鸞の仏教の現代的な魅力と重要性を示すものと言えるでしょう。

シュタイナーは、霊的世界が自然科学の対象となる感覚的世界と別に存在するのではなく、感覚的世界は霊的世界のいわば影であり、人間の歴史もまた霊的世界の出来事を反映していると考えています。その場合、感覚的世界の背後に霊的世界が存在しているというよりも、感覚的世界は霊的世界に浸透されている、あるいは感覚的世界は霊的世界の一つの要素をなしていると言えるでしょう。霊的世界が感知できないのは、ちょうど人間が感知できる光や音の波長が一定の範囲に限られているのと同じであって、霊的世界を知覚する能力が開発されればそれができるようになると、霊眼をもつ「見者」たるシュタイナーは語っています。

シュタイナーは、近代の唯物論的科学的世界観の克服が歴史的課題であるが、そのためには近代科学の特質を知らなければならない、という態度をとりました。それは近代科学を単に否定するのではなく、それを霊的視点からさらに拡充しようとする立場です。シュタイナーは宗教や哲学の分野のほか、教育、芸術、建築、医学、農業、政治経済などの分野においても実践的な活動を行い、その影響は今日に及んでいます。

シュタイナーの歴史観は科学的歴史観ではありません。つまり、歴史の意味が問題になります。通常、歴史学は現在までの過去の出来事を対象とするもので、その態度は科学的進化論と同じです。すなわち、現在までの発展や変化の過程を明らかにしようとするものであり、今後の道筋や目標を論じるものではありません。シュタイナーの場合に歴史の意味が問われるということは、いわば未来の歴史が問題になるということです。シュタイナーは単なる機械的な運命論を主張したのではありません。歴史には意味があり、進むべき方向がある、それは神的存在に向けての進化発展であり、それを各時代の人類が、また一人ひとりが担っている、という見方です。それゆえシュタイナーは時代の要請ということを非常に重視します。その時代の人類の課題は何か、使命は何か、それが問題になります。

シュタイナーは過去から将来にわたる歴史が刻まれた年代記について語りますが、それは時間を超えた世界がすでにそこにあるということです。私たちは常に歴史的時間と超時間的世界とが交錯するところに存在していると言えるでしょう。したがって、過去から現在を通り未来へと流れる時間としては捉えることのできない、無時間的世界に触れる今のここが基点となります。シュタイナーは今ここへの集中の重要性を強調します。この歴史的時間と超歴史的世界の接点において、初めて歴史的課題に貢献するということが可能になるものと考えられます。

シュタイナーによれば、人間とはそのような歴史的課題に輪廻転生を経ながら取り組んでいくべき存在です。また、輪廻転生を経ながら進化の道を歩むべき存在であるということは、人間に限らず、地球にも宇宙にも当てはまるものとされています。さらには、輪廻転生もまた歴史的時間的現象であり、あるときに始まり、あるときに終わるものとされています。

シュタイナーの霊的世界の描写は非常に具体的ですが、それは体験に基づいているからです。さらに、単に体験に基づいているというだけでなく非常に実証的・実践的であるということがシュタイナーの思想の大きな特徴です。また、シュタイナーが語る領域は多岐にわたり、そこには現実的歴史的世界も死後の世界も、時間的世界も超時間的世界も含まれていますが、重要なことはその根底に統一的な霊的世界観があることだと思われます。そのような統一的世界観こそ『歎異抄』や親鸞の思想が現代人の関心を呼ぶ一つの理由なのではないかと、つまり現代の時代的要求の一つなのではないかと思われます。

地獄と天国という概念に関して、それには深い意味があるが迷信的な考えを思い浮かべてはならない、地上の楽園であれ天上の楽園であれ通常の楽園（極楽浄土）という概念は結局価値がないとシュタイナーは述べています。シュタイナーの世界観は一般の天国と地獄、浄土と穢土といった見方とは違います。シュタイナーの世界観を貫く重要な要素は進歩や成長あるいは進化であり、健全な進歩を促すことが善、それを阻むことが悪です。進歩を促す霊的な善の力とそれを阻む霊的な悪の力があります。

物質的な世界と霊的な世界の違いについて、シュタイナーは遺伝と輪廻の比較によって説明しています。天才は霊的に輪廻するのであって物質的に遺伝するのではない、というのがシュタイナーの主張です。

それではその輪廻するものとは何かが問題になりますが、シュタイナーは目覚めと眠りの交替と生と死の交替に目を向けます。人間は物質体・エーテル体・アストラル体・個我体(自我)という四つの構成要素から成っていると考えられています。眠ると意識を失いますが、シュタイナーによれば、それは横たわっている物質体とエーテル体(生命体)からアストラル体と個我体が離れるからです。翌朝、アストラル体と個我体が物質体とエーテル体の中に入ると意識が戻り、目覚めます。

他方、死を迎えると、アストラル体と個我体だけでなく、エーテル体も物質体から離れ、物質体は物理化学的作用に委ねられ土に返ります。エーテル体は記憶の担い手でもあり、死の瞬間に過ぎ去った人生のパノラマが現れるのはそのことによります。臨死体験をした人が同様の経験をするのは、エーテル体と物質体の間にゆるみが生じたためです。その後しばらくしてエーテル体はアストラル体と個我体から離れますが、エーテル体のうちの人生の果実ともいうべき部分は残ります。

次に、アストラル体は欲望や快・不快の担い手ですが、いまや物質体がないので欲望を満たすことができず、人は欲望から抜け出すまで苦しみます。これがいわゆる欲界で過ごす時期、浄化の時期です。人間の欲望にはさまざまなものがあるので、それに応じて浄化もさまざまな段階を経ます。

さて、死から誕生までの死後の人間存在は発展を促す力とそれを妨害する力に出会います。そして、その妨害する力を有しているものとは人生の果実です。過ぎ去った人生の果実は人間を物質界に縛り付けるもの、輪廻転生をもたらすものです。この妨害する力と結びついた状態がシュタイナーのいう地獄です。地獄とは「精神的・心魂的世界への理解なしに個我が物質的・感覚的なものに執着する状態」であり、「霊的な地獄の苦しみ」を味わいます。

しかし、人類の進化のためには妨害する力が、地獄が必要だというのがシュタイナーの理解です。人間の本性は精神であり、「妨害する器官が人間のなかで発展することによって、精神は感覚的なもののなかに入り、感覚的なものの果実を受け取って、拡張できる」というのです。

他方、天国という概念については、天国は遠い彼方ではなく、私たちがいまいるところにある、というのがシュタイナーの理解です。ここでシュタイナーが「天国」と呼ぶのは「超感覚的世界」のことです。『いかにして高次世界の認識に到達するか』に示されている方法によれば、誰もが天国ないし超感覚的世界を完全に観照できるようになるというのがシュタイナーの認識です。

以上のように、シュタイナーのいう天国とは超感覚的（霊的）世界のことです。それは生死を貫いて存在する世界であり、いまここに感覚的世界とともにある世界であり、この世の誰もが認識できる可能性のある世界です。他方、地獄とは死後において感覚的（物質的）世界に縛りつけられた霊的状態を指します。ただし、霊的世界はすでにいまここにあるわけですから、そこには天国を知る可能性だけでなく、地獄を知る可能性もまたあるものと考えられます。物質的・感覚的な物への執着による霊的な地獄の苦しみもまた現在の可能性であると言えるかもしれません。また、この場合、天国と地獄は単純な対立関係にあるのではなく、地獄も天国の一部をなしているものと見られます。

他方、親鸞は浄土にも穢土たるこの世にもそれほど強い関心を示さなかったと見られます。一つには浄土と穢土はともに相対的世界であるからだと思われます。問題は絶対の世界であり、それが穢土即浄土の立場、大乗仏教の本流の立場ということだと思われます。

しかし、その絶対の立場によって親鸞の仏教は浄土の側面においても穢土の側面においても抽象的になったということが言えるのではないでしょうか。シュタイナーの説く感覚的世界（穢土）と超感覚的世界（浄土）は、それがどのように抽象的であるかを示していると思われます。ただし、シュタイナーの世界観に関しても、超感覚的世界と感覚的世界という相対性、あるいは進化や輪廻転生といった時間的・空間的な相対性を超えた絶対的側面にも目を向けなくてはならないでしょう。

また、親鸞の仏教では「一人」は問題になっても、その構造は問題になっていません。他方、シュタイナーの世界観では人間の構造が根本的な意味を有しています。天国と地獄の問題も、輪廻の問題も、人間の構造を踏まえて初めて語られ得るものです。シュタイナーの思想は親鸞の「一人」がなお抽象的であり、十分に現実的歴史的になっていないことを示しているように思われます。

以上、本書の議論を簡単に振り返ってみましたが、『歎異抄』ないし親鸞の思想とシュタイナーの思想には相互に補完し合う面があるということを示すことができたなら、筆者の意図は一応達成されたことになります。はたしてそう言えるかどうか、あとは読者の皆様のご判断を仰ぎたいと思います。

# 参考文献一覧（全集や一冊の本の中に収められている文献については、基本的にその巻や本のみ記載）


阿満利麿訳・解説『選択本願念仏集―法然の教え』角川学芸出版・角川文庫
岩倉政治『親鸞――歎異抄の人生論』法蔵館
上田閑照編『西田幾多郎随筆集』岩波書店・岩波文庫
上田閑照編『西田幾多郎哲学論集Ⅲ』岩波書店・岩波文庫
上田義文『親鸞の思想構造』春秋社
内山興正『宗教としての道元禅――普勧坐禅儀意解』柏樹社
瓜生津隆真・細川行信編『真宗小事典』法蔵館
粕谷甲一「『沈黙』について」、NPO法人芝の会編集発行『花の香りにうながされて』所収
教学伝道研究センター編纂『浄土真宗聖典（註釈版・第二版）』本願寺出版社
教学伝道研究センター編纂『浄土真宗聖典　尊号真像銘文（現代語版）』本願寺出版社
久野収編集・解説『現代日本思想体系33　三木清』筑摩書房
子安美知子『エンデと語る――作品・半生・世界観』朝日新聞社・朝日選書
佐藤正英『歎異抄論註』青土社
重松宗育『モモも禅を語る』筑摩書房
浄土真宗教学研究所編纂『浄土真宗聖典　顕浄土真実教行証文類（現代語版）』本願寺出版社
浄土真宗教学研究所編纂『浄土真宗聖典　歎異抄（現代語版）』本願寺出版社
浄土真宗教学研究所編纂『浄土真宗聖典　唯信鈔文意（現代語版）』本願寺出版社
鈴木大拙『鈴木大拙全集第六巻』岩波書店
鈴木大拙『鈴木大拙全集第二十四巻』岩波書店
鈴木大拙『禅』（工藤澄子訳）筑摩書房・ちくま文庫
鈴木大拙『日本的霊性』岩波書店・岩波文庫

鈴木大拙『神秘主義――キリスト教と仏教』（坂東性純・清水守拙訳）岩波書店
平雅行『親鸞とその時代』法藏館
高橋和夫・塚田幸三『いのちの声を聞く』ホメオパシー出版
高橋泰蔵・増田四郎編『体系経済学辞典（改訂新版）』東洋経済新報社
滝沢克己『続・仏教とキリスト教』法藏館
滝沢克己『「歎異抄」と現代』三一書房
竹村牧男『西田幾多郎と仏教――禅と真宗の根底を究める』大東出版社
谷口雅春『親鸞の本心』日本教文社
塚田幸三『滝沢克己からルドルフ・シュタイナーへ――人生の意味を求めて』ホメオパシー出版
塚田幸三『シュタイナーから読む池田晶子』群青社
中村元監修『新・佛教辞典　増補版』誠信書房
中村元・早島鏡正・紀野一義訳註『浄土三部経（上）』岩波書店・岩波文庫
西川隆範『シュタイナー用語辞典』風濤社
西田幾多郎『善の研究』岩波書店・岩波文庫
西谷啓治『宗教とは何か』創文社
西谷啓治『ニヒリズム増補版』国際日本研究所
西谷啓治『宗教と非宗教の間』（上田閑照編）岩波書店・岩波現代文庫
本多顕彰『歎異抄入門―この乱世を生き抜くための知恵』光文社
野間宏『親鸞』岩波書店・岩波新書
八重樫昊編『現代語訳しんらん全集　第十巻研究篇』普通社
吉永進一「神智学と日本の霊的思想（2）」『舞鶴工業高等専門学校紀要』第37号（二〇〇二年）所収
吉永進一「大拙とスウェーデンボルグ　その歴史的背景」、京都宗教哲学会編『宗教哲学研究』第二二号（二〇〇五年）所収

吉永進一・野崎晃市「平井金三と日本のユニテリアニズム」『舞鶴工業高等専門学校紀要』第40号（二〇〇五年）所収
吉本隆明『最後の親鸞』春秋社
脇本平也『評伝　清沢満之』法蔵館
ヘルマン・ベック『インドの叡智とキリスト教』（西川隆範訳）平河出版社
ヘルマン・ベック『仏陀』（渡辺照宏訳）光風館
ヘルマン・ベック『仏教（下）――第二部』（渡辺照宏・渡辺重朗訳）岩波書店・ワイド版岩波文庫
ルドルフ・シュタイナー『アカシャ年代記より』（高橋巌訳）国書刊行会
ルドルフ・シュタイナー『社会の未来』（高橋巌訳）イザラ書房
ルドルフ・シュタイナー『釈迦・観音・弥勒とは誰か』（西川隆範訳）水声社
ルドルフ・シュタイナー『自由の哲学』（高橋巌訳）筑摩書房・ちくま学芸文庫
ルドルフ・シュタイナー『シュタイナー自伝（下）』（西川隆範訳）アルテ
ルドルフ・シュタイナー『シュタイナー　マルコ福音書講義』（西川隆範訳）アルテ
ルドルフ・シュタイナー『神智学』（高橋巌訳）筑摩書房・ちくま学芸文庫
ルドルフ・シュタイナー『人智学・心智学・霊智学』（高橋巌訳）筑摩書房・ちくま学芸文庫
ルドルフ・シュタイナー『人智学・神秘主義・仏教』（新田義之編）みくに出版
ルドルフ・シュタイナー『神秘学概論』（高橋巌訳）筑摩書房・ちくま学芸文庫
ルドルフ・シュタイナー『聖杯の探求―キリストと神霊世界』（西川隆範訳）イザラ書房
ルドルフ・シュタイナー『哲学の謎』（山田明紀訳）水声社
ルドルフ・シュタイナー『天国と地獄』（西川隆範編訳）風濤社
ルドルフ・シュタイナー『ニーチェ―同時代への闘争者』（西川隆範訳）アルテ
ルドルフ・シュタイナー『秘儀参入の道』（西川隆範訳）平河出版社
ルドルフ・シュタイナー『仏陀からキリストへ』（西川隆範編訳）水声社
ルドルフ・シュタイナー『イエスを語る』（高橋巌訳）筑摩書房

ルドルフ・シュタイナー『民族魂の使命』（西川隆範訳）イザラ書房
ルドルフ・シュタイナー『ルカ福音書講義―仏陀とキリスト教』（西川隆範訳）イザラ書房
ルドルフ・シュタイナー『シュタイナーの死者の書』（高橋巌訳）筑摩書房・ちくま学芸文庫
ルドルフ・シュタイナー『イエスからキリストへ』（西川隆範訳）アルテ

## あとがき

　ようやくこの小論の校正も峠を越え、いま改めて痛切に感じるのは、今回学ぶ機会を得た方々を始めとする多くの（あるいは無数の）先達に対する畏敬の念と自らの非力さや未熟さです。執筆の意図は「まえがき」に書いたとおりですが、主として親鸞に関心をおもちの方にはシュタイナーに、主としてシュタイナーに関心をおもちの方には親鸞に、それぞれ興味をもっていただくことができれば、筆者としてそれ以上のことはありません。はたしてそれがどの程度かなえられたかは読者の皆様のご判断を仰ぐほかありませんが、大小さまざまな不備はともかく重大な錯誤があることを恐れます。率直なご叱正をお願いする次第です。

　第一章までの部分はＮＰＯ法人・日本アントロポゾフィー協会発行の『シュタイナー・トゥデイ』に連載された原稿に手を加えたものです。この連載の機会がなければ、おそらく曲がりなりにも本書をまとめることはできなかったと思います。関係の方々に心から感謝申し上げます。また、鈴木啓順氏（滝沢克己協会幹事、いわき市の浄土宗・如来寺副住職）には特に文献に関して貴重なご教示を賜りました。筆者の試みに関心をもってくださり、ご多忙にもかかわらず急いでご対応いただいたことが大きな励みになりました。心からお礼申し上げます。西川隆範先生からは本書の執筆中にご編訳書『天国と地獄』をお贈りいただきましたが、そのタイミングのよさに驚くとともに、いつもながらのご配慮に深く感謝したことでした。有難うございました。
最後になりましたが、イザラ書房の澁澤浩子社長との出会いがなければ、このような形で本書を出版することはできなかったでしょう。この幸運に心から感謝している次第です。

二〇一〇年十二月十三日

塚田幸三

**著者紹介**


塚田幸三（つかだ　こうぞう）

1952年生まれ、翻訳著述業、大阪府立大学農学部卒・英国エジンバラ大学獣医学部修士課程修了。

著書に、『シュタイナーから読む池田晶子』（群青社）、『いのちの声を聞く』（共著）、『滝沢克己からルドルフ・シュタイナーへ――人生の意味を求めて』（以上、ホメオパシー出版）など。

訳書に、J.ソーパー『シュタイナーの「農業講座」を読む』、J.ソーパー『バイオダイナミックガーデニング』、W.スヒルトイス『シュタイナー農業入門』、K.ケーニッヒ『動物の本質――ルドルフ・シュタイナーの動物進化論』、J.サクストン＆P.グレゴリー『獣医のためのホメオパシー』、C.デイ『牛のためのホメオパシー』、C.デイ『ペットオーナーのためのホメオパシー――応急手当の手引』、G.マクラウド『犬のためのホメオパシー』、G.マクラウド『猫のためのホメオパシー』、C.デイ『ペットのためのホメオパシー』（以上、ホメオパシー出版）、M.グレックラー『医療と教育を結ぶシュタイナー教育』（共訳）、M.エバンズ＆I.ロッジャー『シュタイナー医学入門』、P.デサイ＆S.リドルストーン『バイオリージョナリズムの挑戦』（共訳）（以上、群青社）、G.カヘーテ『インディアンの環境教育』、K.ブース＆T.ダン『衝突を超えて』（共訳）（以上、日本経済評論社）、N・チョムスキー『「ならずもの国家」と新たな戦争』、N・ングルーベ『アフリカの文化と開発』（以上、荒竹出版）、R・ダウスウェイト『貨幣の生態学』（共訳、北斗出版）など。



『歎異抄』が問いかけるもの
シュタイナーの視点から
2011年3月15日　初版第一刷発行

**著者** ―――――― 塚田幸三

**発行者** ―――――― 澁澤カタリナ浩子

**発行所** ―――――― 株式会社　イザラ書房

住所　〒369-0305　埼玉県児玉郡上里町神保原町569番地
TEL　0495-33-9216
FAX　0495-33-9226
HP　http://www.izara.co.jp
MAIL　mail@izara.co.jp

**ブックデザイン** ――― 和田悠里（スタジオ・ポット）

**印刷・製本** ―――― 株式会社シナノパブリッシングプレス




ISBN978-4-7565-0115-8　C0010